VERS LA LIBERTÉ D'ÊTRE

W0407334

Pierre Baillon
Hugo Marquilly

VERS LA LIBERTÉ D'ÊTRE

L'ACCOMPAGNEMENT D'UN JEUNE EN SOUFFRANCE

Préface d'Arouna Lipschitz

L'Harmattan

Photos © Jade Dutriez

© 2020, L'Harmattan
5-7, rue de l'École-Polytechnique – 75005 Paris
www.editions-harmattan.fr
ISBN : 978-2-343-20090-3
EAN : 9782343200903

Aimer c'est prendre soin de la solitude de l'autre sans jamais prétendre la combler ni même la connaître.

Christian BOBIN

À CLEM
À JADE

Sommaire

Préface	13
Introduction Trouver son identité	25
Chapitre 1 Une vie aux multiples nœuds	31
Chapitre 2 Le deuil de la passion fusionnelle	51
Chapitre 3 La question du père	75
Chapitre 4 La bonne distance avec la mère	95
Chapitre 5 Le désir mimétique du grand frère	115
Chapitre 6 L'abandon des dépendances	135
Chapitre 7 L'incarnation dans la vie réelle	155
Chapitre 8 La réconciliation avec le corps	177
Chapitre 9 En chemin vers une relation Amoureuse	195
Chapitre 10 Ma place sur terre	221
Postface Parole de mère	241

Préface

J'ai ressenti une grande joie à la lecture de ce livre. D'abord dans ma subjectivité de simple lectrice : l'ouvrage m'a paru intéressant, bien fait, fluide – il aurait pu me tomber des mains comme beaucoup d'ouvrages de ce genre –, là j'ai été touchée et donc accrochée à suivre ce voyage thérapeutique et humain d'une jeune âme masculine en train de grandir.

Ensuite, en tant que double partie prenante, supervisant le thérapeute et enseignante de son patient, j'ai choisi de ne pas faire la lecture objective qui m'aurait conduite à analyser le travail de Pierre et la transformation d'Hugo. Et là, c'est en tant qu'accompagnatrice que j'ai eu de la joie, joie certes un peu égoïste d'observer *in vivo* les effets produits par mon enseignement et mes sessions de formation auprès de thérapeutes. Car dans ce livre j'ai de fait, assisté au déroulé d'un accompagnement mené par un thérapeute qui se réfère à mon enseignement et mes principes d'accompagnement et j'ai pu en voir les résultats positifs. D'un point de vue plus universel, j'ai pu apprécier la beauté et l'efficacité d'une transmission consciente des possibles méfaits qu'elle pourrait induire : prédation, jeux de pouvoir ou de dépendance, et surtout abandon par le thérapeute d'un travail sur lui-même pendant qu'il travaille sur l'autre. En clair, Pierre s'est montré respectueux de mon travail en appliquant la loi du dedans/dehors, assumant que le patient est aussi un miroir du 'dedans' du thérapeute, un écho de quelque chose qui le concerne.

Je préfère cette loi du dedans/dehors aux concepts classiques de transfert et de contre-transfert qui n'impliquent pas suffisamment l'advenir du thérapeute. Le thérapeute est tout autant sur la sellette que son patient, ce qui implique une triangulation que je réclame à cor et à cri auprès de ceux et celles que je forme : il est essentiel que le thérapeute ait un superviseur, un référent clairement posé, qui fasse partie intégrante de la thérapie engagée avec son patient. Dans ce double témoignage d'un accompagnant et d'un accompagné, j'ai pu constater combien cette triangulation marche ! C'est la première fois que j'en ai la preuve tangible, via un témoignage écrit qui émane autant du thérapeute que du patient : j'ai bu du petit lait…

Ce témoignage à deux voix me confirme combien la triangulation élargit le champ thérapeutique. Une relation thérapeutique n'est jamais *duelle,* ou disons qu'une dualité qui reste dans la dualité risque fort de se transformer en *duels.* Bien sûr, la dualité fait partie de la thérapie classique – projections, rapports de force, meurtre du père, etc. – mais je vois que le fait d'ajouter une dimension initiatique à la thérapie, selon les critères que j'en donne, permet une triangulation qui change beaucoup de choses. Durant le travail thérapeutique avec Hugo, Pierre a toujours été accompagné par moi. Il a continué à bouger, à grandir, à éclairer par effet miroir avec Hugo ses propres ombres, à entendre ses propres invitations à advenir et à accélérer son propre chemin d'évolution grâce à son travail thérapeutique avec Hugo.

De son côté, cette triangulation permet à Hugo de n'être jamais seul avec Pierre. J'ai d'ailleurs découvert dans ce livre qu'il ressentait le besoin, par moments, d'aller se ressourcer à mes propos. Une manière pour lui de se donner le « pouvoir » de vérifier son thérapeute. La *Voie de l'amoureux* lui donnant le moyen de mesurer si son thérapeute devenait un meilleur amoureux, un amoureux de la vie pour le moins :-)). Pour moi, ils ont mis en œuvre un de mes crédos : c'est bien *la relation qui est au cœur du métier d'accompagnement.* En ce sens, la relation thérapeutique est aussi une relation amoureuse. Non pas au sens commun du terme, mais au sens d'une relation où il y a du vrai, de l'affect, où il ne s'agit pas juste d'endosser des rôles limitant le thérapeute dans la fonction symbolique du transfert/contre-transfert. Je ne dis pas que cette fonction n'existe pas, ou que la hiérarchie s'en efface, je dis seulement que l'initiatique installe l'autre, *une altérité réciproque,* dans le champ thérapeutique. Du côté du patient, le thérapeute reste ainsi un autre, donc humain, donc limité… une réalité qui permet de modérer la puissance du symbolique.

Quand je vois Hugo aujourd'hui, je constate le changement concret qui s'est opéré en lui depuis notre première rencontre. À l'époque, il m'était apparu comme un jeune garçon de vingt-cinq ans, très beau, mais encore habité par son petit garçon et son adolescent rebelle qui veut être reconnu inconditionnellement, et surtout « contre ». Autrement dit un jeune homme normal – qui n'a pas fait le travail sur soi. Aujourd'hui, je vois clairement un homme en advenir. Son physique a changé. Effet naturel du dedans : on a la tête du travail qu'on fait sur soi, ou qu'on ne fait pas. Il s'est élargi, densifié sur tous les plans, ce qui donne une sensation de plus grande stabilité, d'un ancrage qu'il n'avait pas du tout auparavant. Il était « un moi qui réagit à la muleta », un jeune homme qui fonce, en proie aux jeux habituels d'un moi prisonnier de ses projections et de ses réactions de pseudo-indépendance : *Je suis le seul à savoir qui je suis.* Aujourd'hui, il a pris une stature d'homme en chemin vers qui il est vraiment, en accueil des miroirs de l'autre et de la vie.

Ma joie vient aussi de la transformation de Pierre que je lis entre les lignes. J'avais suivi son précédent ouvrage que j'avais préfacé [1]. Il était alors en plein travail sur son masculin dans sa relation aux femmes, en lien avec son histoire, son passé, son passif. Je constate à quel point il a changé ! Devenir homme ou femme prend du temps, c'est un long chemin, mais là, Pierre l'a assumé et a transformé beaucoup de son énergie masculine négative. Son témoignage montre de quelle manière l'homme, comme thérapeute, a bougé en mettant lui-même en pratique les principes initiatiques qu'il a ajoutés à son métier. Ce qui vient contredire l'idée trop répandue selon laquelle on ne change jamais. En réalité, on peut se transformer toute sa vie. Quelle différence entre le Pierre qui parlait de ses histoires avec les femmes et celui qui fait grandir un jeune homme grâce à sa plus grande maturité d'être ! Il se prépare à ce qu'on peut considérer une belle fin de vie pour tous : *laisser quelque chose de positif à la nouvelle génération. Transmettre plus de vivant et de joie de vivre aux jeunes !*

Mon enseignement propose des codes, des protocoles, ensuite chacun se les approprie à sa manière. Pierre les a transformés sans les trahir. Certes, je pourrais lui dire avec le sourire qu'il peut encore accélérer. Puisque toute sa vie, *on devient*, il y a toujours à creuser encore plus si on le souhaite – mais ce qu'il a intégré aujourd'hui de mon enseignement correspond à ce que je lui ai transmis. Il témoigne en particulier de la puissance des deux principes initiatiques de base : le « Dedans/dehors » et « On est à l'origine de ce qui nous arrive ». Il y ajoute le principe de synchronicité (ce qu'on appelle communément le hasard), la danse du masculin et du féminin (nous sommes les deux à la fois, dans une relation on est donc quatre quand on est deux) et les lois de l'univers. Ce dernier point est capital !

Si un jeune ne comprend pas que la Loi qu'on lui demande d'accepter comme principe fondateur d'une société, renvoie aux lois de l'univers et non à celles des hommes ou à la loi de son père, comment acceptera-t-il de se soumettre aux lois ? En intégrant le Réel – le grand mystère de la création - au symbolique, il peut se réinscrire dans une réalité, un quotidien qui tient compte d'un univers plus grand que lui où tout est lien, et dont il fait partie de tout son poids. Nous sommes des poussières d'étoiles tous interdépendants les uns des autres et donc responsables, chacun pour le tout. Paradoxalement, cela donne une dimension plus humaine à la réalité qui, pour le coup, se pose bien comme l'anagramme d'altérité. Cela se saurait s'il suffisait de comprendre pour accepter les choses en profondeur et changer par voie de conséquence ! Prendre ses responsabilités par rapport à l'ensemble, se mettre à l'origine de ce qui nous arrive, voilà les vrais accélérateurs du changement ! Pierre et Hugo en témoignent. En ce sens, leur livre est une excellente entrée en matière de l'impact de la dimension initiatique en thérapie sur le désir de changer et de dépasser ses cartes et ses limites de départ ! Ce serait formidable s'il envie à des professionnels de l'accompagnement d'ajouter cette dimension initiatique qui est un puissant moteur d'accélération et de résultats !

Reste l'endroit où le thérapeute accepte de mettre la relation au cœur de son travail. Outre que Pierre a mis en pratique les principes initiatiques, il a su aussi développer une véritable relation avec Hugo. Il n'a pas adopté la position haute habituelle. Il est resté pour lui un autre autant en mouvement que lui. De son côté, Hugo n'était pas seul face à Pierre parce qu'il savait que j'étais le superviseur de son thérapeute, et que je pouvais lui taper symboliquement sur les doigts si nécessaire :-). Imagine-t-on un patient conscient de faire aussi évoluer son thérapeute ? C'est l'esprit même de la triangulation. Et cela allège beaucoup le poids souvent trop lourd de la réalité hiérarchique.

Quand je regarde la génération d'Hugo, celle des *Millennials*, je trouve qu'il leur manque des rites de passage. Bien sûr, personne n'a envie de voir réapparaître un service militaire basé sur la défense anticipée, donc sur la guerre, mais le mot de « service » devrait, lui, être remis au goût du jour, qu'on l'appelle service civil ou citoyen. Il y manquerait encore la dimension de « rite de passage intérieur », celui qui permet de passer à la notion de responsabilité, d'accepter l'idée d'être à l'origine de sa propre violence, de sa vie, voire à l'origine même de ses parents, pourquoi pas ? Pour l'instant, la démarche n'est malheureusement pas à la portée de tous, mais si étaient mis en place des rites de passage physiques, peut-être amèneraient-ils plus de monde, et de jeunes tout particulièrement, à ce rite de passage intérieur qui permet de prendre une responsabilité plus créative de son avenir.

Aujourd'hui, l'absence de véritable transmission s'aggrave. L'humanité me semble vivre une sorte de régression éthique, comme si la satisfaction immédiate de nos pulsions devenait chose acceptable, ou tellement inévitable qu'autant s'y résigner. S'agit-il d'un « reculer pour mieux sauter » ? D'une crise, d'un chaos avant l'avènement d'un nouveau commencement ? Je veux le croire, mais pour cette génération des 20-25 ans, avec les valeurs en déshérence, la culture en perte de vitesse, où peu lisent encore ou apprennent à penser par eux-mêmes, le déclic ne viendrait-il pas d'un travail thérapeutique du type de celui que Pierre a mis en place avec Hugo ? Je le crois !

Un travail sur soi qui devient un véritable voyage initiatique avec ses épreuves et ses obstacles à franchir permet de gagner ses galons de guerrier… de paix. En tous les cas, je constate que ce déclic s'est produit chez Hugo. Il aurait pu devenir violent, enfermé sur lui-même, haineux et soumis à diverses addictions. En prenant la responsabilité d'être à l'origine de ce qu'il était, il s'est ouvert un futur différent. Cette seule idée a stoppé chez lui le droit automatique à l'accusation… c'est toujours la faute à quelqu'un, la société, la religion, les politiques, voire Dieu lui-même.

Mon enseignement ne repose pas sur ce seul principe, mais si l'on arrivait déjà à faire passer ce message aux jeunes… et moins jeunes :-) il deviendrait plus facile de sortir du système bourreau/victime qui justifie toutes les violences. Paradoxalement, cela permettrait aussi de sortir de l'idée de faute, donc de culpabilité. Ce que je vis n'est pas la conséquence d'une faute, mais une invitation à accomplir des inaccomplis personnels. Hugo l'a compris, et ça se voit !

Il faudrait pouvoir enseigner ce principe de base dès l'école, dès la maternelle. Aujourd'hui, force est de constater qu'on a démissionné de l'éducation et de la formation. On a supprimé les cours d'instruction civique, mais qu'a-t-on mis à la place ? Les enfants comprendraient vite que s'ils maltraitent l'autre, l'autre va les maltraiter. Ils comprendraient de fait la loi du choc en retour : *si je fais ça, tôt ou tard, le boomerang va me revenir en pleine figure.*

En même temps, partant du principe que l'on n'arrive jamais nulle part. N'a-t-on pas besoin d'être accompagné toute sa vie ? Nous ne sommes qu'un advenir perpétuel : plus un arbre grandit, plus ses racines s'enfoncent. Il y a toujours quelque chose à ramener à la lumière dans ce voyage infini vers nous-mêmes qui nous offre souvent la possibilité de créer de nouveaux commencements. C'est tout l'esprit du mot « initiatique ». Et ne serait-ce pas formidable que notre dernier souffle soit encore un nouveau commencement ?

Du coup, ne sommes-nous pas tous des accompagnateurs ?

On choisit tel ou tel thérapeute, tel guide, tel maître à penser et finalement tel ami, tel patron, tel mentor, tel amoureux pour être accompagné. Tout comme en amour, il y a aussi des coups de foudre en ces domaines-là. Et comme en amour, la tentation d'en changer à tout bout de champ existe.

Dans la vie, nous avançons par cycles, mais je crois que plus un homme est mûr, plus il devient capable de creuser dans le même trou, car le trou, le manque, est infini. Par analogie, plus un homme est mûr, plus il arrivera à grandir avec une seule femme. J'ignore dans combien de siècles la chose sera devenue possible, mais ce jour arrivera parce que le centrage, au contraire de la dispersion, me semble le fond organisateur de l'être humain.

Certes, il faut quelques femmes à un homme pour se rencontrer lui-même, et vice versa pour une femme. Mais ce ne sont que des relations de guérison. Il en va de même dans la relation thérapeutique. Nous avons parfois besoin d'un, deux, voire quelques étapes pour se trouver sur sa voie propre. Ce qui n'empêche évidemment pas des thérapies et des stages complémentaires, des formations diverses et ainsi de suite. Mais devant la multiplication de l'offre, la question est de savoir si on arrive à tenir un fil cohérent dans sa stratégie thérapeutique. Si changer permet un nouveau départ ou si c'est juste un « plus ça change, plus c'est la même chose ».

C'est Jean-Michel Oughourlian qui a bien exprimé ce besoin de changement extérieur basé sur le jeu admiration/rivalité dans *La genèse du désir*[2]. Il explique comment le changement s'opère par mimétisme. On peut alors imaginer que si l'accompagnant, comme l'accompagné, sont tous les deux dans un véritable mouvement de changement, on peut toute sa vie conscientiser ce processus mimétique avec la même personne en interrogeant nos conflits et désamours sur cet axe de rivalité et de résistance à l'admiration. Ce qui nous permettrait de changer au-dedans ! Cela exige que la relation soit bel et bien au cœur de tout accompagnement dans une véritable co-création et souligne l'analogie qu'il y a entre la thérapie et la relation amoureuse.

Comme dans le couple, une crise, un conflit est une invitation à bouger quelque chose en soi. Cette invitation oriente notre choix de poursuivre ou non la relation avec une personne. Véritable changement de soi ou juste changement d'autre ?

En tous les cas, prendre la responsabilité d'être à l'origine de ce qui nous arrive me semble une clé puissante pour s'ouvrir de nouveaux horizons. Reste à prendre en compte dans ce voyage initiatique du sens, le fond magnifique de tout être humain, croire profondément à l'étincelle de rédemption qui dort en chacun de nous.

Depuis des siècles, nos dirigeants politiques et religieux se sont servis de la culpabilité, de la peur et du besoin de sécurité pour asservir l'esprit des individus et raboter leur liberté d'être. En remplaçant culpabilité et/ou accusation par responsabilité, l'accompagnement initiatique que propose Pierre permet aujourd'hui à Hugo de se dire moins dans la plainte ou dans l'accusation. D'être conscient que c'est en tous les cas sa voie pour récupérer sa liberté d'être. Son témoignage m'ouvre à l'espérance que ce type de travail avec des jeunes donne plus de compétence relationnelle, pour ne pas dire plus d'amour possible pour nos proches, et ainsi contribue à plus de paix pour notre humanité.

Arouna LIPSCHITZ
Philosophe de la relation
Productrice
Enseignante et fondatrice
de la Voie de l'amoureux
(voiedelamoureux.com)

Introduction
Trouver son identité

Ce livre est le récit d'un accompagnement « emblématique » du travail que j'ai accompli pendant des années auprès de dix mille jeunes quand j'étais directeur- fondateur d'un établissement d'enseignement dans lequel j'exerçais des responsabilités d'encadrement, tout en étant thérapeute et coach. À l'époque j'étais interpellé par les blocages, les ruptures, les échecs et les réussites de tous ces jeunes. Mon parti pris était alors d'accueillir tous ceux que le système éducatif classique avait rejetés pour les mener jusqu'au diplôme grâce à une pédagogie active. J'ai aussi cherché à les aider à prendre conscience qu'ils étaient heureux sur terre et qu'ils avaient trouvé leur juste place – ce que j'ai raconté dans un livre précédent.[1] À l'école, on avait dit à ces jeunes qu'ils étaient nuls et qu'ils n'arriveraient à rien, et ils sont devenus ingénieurs ou titulaires d'un BTS.

1. P. Baillon, *Révéler l'autre à lui-même. L'aventure d'une pédagogie innovante*, L'Harmattan, 2009.

A ce moment déjà, j'avais constaté qu'il n'y avait plus d'autre modèle que le footballeur-star ou le chanteur qui les faisait vibrer. Si ma génération pouvait s'identifier à des modèles comme de grands dirigeants politiques ou des icônes religieuses, eux n'en avaient aucun et ils s'étonnaient même que je leur pose la question… Je suis frappé de voir à quel point enseignants et éducateurs se trouvent démunis devant ces jeunes qui ne reconnaissent plus l'autorité, la plupart étant privés de schéma paternel, et de ce fait, ils ne parviennent pas à se situer ni à trouver leur identité propre. Ils ne peuvent le faire qu'à l'occasion d'un travail au cours duquel l'accompagnant exerce auprès d'eux une fonction de modèle.

Aujourd'hui, j'observe avec encore plus d'acuité que les jeunes ne disposent que de modèles factices dans un contexte où nos anciens repères idéologiques sont définitivement discrédités. Y-a-t-il à regretter l'effondrement de modèles périmés tels ceux proposés par l'Église catholique ou le communisme ? Un jeune dépourvu de modèle ne peut toutefois pas se développer et risque de rejoindre une forme ou une autre de radicalisation. Voilà pourquoi quand j'accompagne un jeune, je lui propose un modèle qui a pour objet de l'amener à trouver son identité, hors de toute idéologie. Dans cette démarche, le jeune ne va pas calquer son identité sur la mienne. En tant que mentor et éducateur, je me mets à son service pour qu'il découvre ce pour quoi il est venu sur terre. Je deviens son modèle parce qu'il m'écoute et m'admire, mais je ne prends pas le pouvoir sur lui – contrairement à nos anciens modèles qui pouvaient user de leur pouvoir pour faire de nous des objets.

Ce livre s'inscrit dans la continuité de mon premier ouvrage dans la mesure où il montre de quelle manière j'ai mis en œuvre, dans l'accompagnement d'Hugo pendant dix ans (2008-2018), la méthode pédagogique innovante que j'ai exercée et défendue durant mes années d'enseignement. Ce jeune de vingt ans est venu vers moi en 2008 pour prendre possession de sa vie alors qu'il était en proie à de multiples dépendances (alcool, sexe, drogue). Depuis le divorce de ses parents, il avait vécu la transgression de tous les interdits sociaux. En un mot, son principe de vie était le suivant : *Je vis comme je veux, tout ce que je veux et où je veux.* Ses seules limites étaient celles du corps : angoisses, nausées, accidents.

À travers cette série d'entretiens (2018-2019) apparaissent les principes d'accompagnement inspirés de l'enseignement d'Arouna Lipschitz, « La voie de l'amoureux ». Il s'agit d'abord de créer un lien avec un jeune, victime de ses dépendances, de ses crises d'angoisse et de ses échecs. Ensuite tout symptôme du présent étant lié à son histoire, l'accompagnement va lui permettre de prendre possession de sa vie. Puis ce travail va faire en sorte qu'il devienne responsable de sa vie et qu'il crée un nouveau commencement. Enfin il en viendra à accepter les lois de la nature, à comprendre que tout est en lien, qu'il lui faut danser avec les polarités et que tout effet a une cause.

Cet accompagnement mis en œuvre avec Hugo répond à des invariants : il m'a fallu trouver le fil pour nouer un lien de confiance. J'étais un professeur bien plus âgé que lui et différent des autres pédagogues. Je ne portais pas de jugements, je ne cherchais pas à le culpabiliser. Je partais de son vécu réel. La démarche consistait à essayer d'en trouver le sens en faisant appel à son histoire et à mon expérience. Hugo était un jeune à la dérive, doté d'une puissante force vitale. Il était prêt à se faire accompagner à condition que le cadre soit certes sécurisant, mais souple. Je le recevais à sa demande, un rendez-vous était pris à la fin de chaque séance pour la séance suivante, et le prix de ma prestation s'adaptait à ses moyens. Dans un premier temps, pour des raisons d'éthique, je l'ai dirigé vers le B.A.P.U. (Bureau d'aide psychologique universitaire) puisque j'étais son enseignant. Puis, tout naturellement, il a cessé d'aller au B.A.P.U. au bout d'un an quand il a senti que le lien de confiance était installé. Ensuite ma posture a été celle d'un mentor par la conjonction des rôles de psychologue, d'éducateur et de coach ancré dans la réalité.

J'observe une dérive de certains enseignants qui se replient sur la connaissance. Leur discours implicite en direction des jeunes consiste à leur faire croire que munis de ces connaissances, ils seront les mieux armés. Pour moi, l'important est que le jeune devienne maître de sa vie et c'est dans ce but précis qu'il doit aller vers la connaissance. Je pense que les enseignants d'aujourd'hui ont perdu leur rôle éducatif, celui des Hussards de la République du temps de Jules Ferry. Quand je dirigeais un établissement d'enseignement, nous avons eu ce débat au sein de l'équipe : notre rôle éducatif était bien de permettre aux jeunes de se construire – l'essentiel étant de créer un lien avec eux et de les accompagner –, et pas seulement de leur transmettre des connaissances.

Hugo ressemble fort à mes étudiants d'alors – formés

aux métiers du paysage –, à la différence qu'eux avaient un lien avec la nature. Hugo et tous les jeunes de sa génération – à l'instar de leurs parents qui exercent des métiers abstraits –, n'ont plus aucun lien avec la matière parce que focalisés sur les écrans, le numérique, les jeux vidéo, les substances diverses. Hugo le dit lui-même : il a repris contact avec la vie quand il a retrouvé un lien avec la matière. Pour les *Millennials,* la réalité existe, mais en dehors de la matière. Leur vie affective est d'autant plus cruciale.

Le récit de l'accompagnement d'Hugo se décline en entretiens successifs axés chacun sur une thématique particulière : sa relation aux femmes, à son père, à sa mère, à ses grands frères. Notre travail en co-construction a été mené pour qu'il puisse décrocher de ses dépendances et s'incarner dans la vie réelle. Nous avons revisité son rapport au corps, son histoire de couple racontée via le témoignage de sa compagne. Il a pu enfin regarder où il en était et vers quoi il se dirigeait lors d'un dernier entretien. Cet entretien a été complété par une rencontre avec sa mère. La vie qui se profile pour lui devra l'amener à déterminer ce pour quoi il est venu sur terre.

Ce récit d'un accompagnement dans la durée s'adresse aux professionnels de l'accompagnement et de l'éducation, aux parents de ces jeunes en difficulté afin qu'ils ne s'affolent pas et aux jeunes qui pourraient se reconnaître dans l'histoire d'Hugo. Ces derniers puissent-ils y puiser l'envie de s'en sortir grâce à l'accompagnement. Car il n'y a rien d'inéluctable dans la souffrance et dans la dépendance.

Chapitre 1
Une vie aux multiples nœuds

La première fois que je rencontre Hugo dans une salle de cours, un jeune type de vingt ans, s'avance vers moi, très grand, svelte, de carrure athlétique, visiblement perdu dans la vie. Aussitôt, je reconnais en lui ces jeunes étudiants que j'avais accompagnés dans mon école d'ingénieurs des années auparavant. Ils étaient perdus, sans structure, ni cadre, ni repères, et en même temps dotés d'un fort potentiel, d'une vraie énergie. J'avais en face de moi un garçon paumé, esquinté par la famille, mais actif, doté d'un puissant élan vital, astucieux et intelligent.

J'avais été psychothérapeute. Et après avoir interrompu ma pratique, j'avais terminé ma formation au coaching et recommençais des accompagnements. J'étais alors le tuteur de stage d'Hugo à l'I.A.E. (École universitaire de management) où il terminait une licence. Ma mission était d'encadrer son mémoire de fin d'études. Immédiatement, j'ai senti une vibration entre nous, le lien s'est créé. Pour moi, il était clair qu'il avait manqué de règles, qu'il avait toujours vécu presque à la manière d'un Robinson Crusoé, sans autres limites que les contraintes imposées par les autres. Et en même temps, c'était un leader. J'ai immédiatement saisi quelque chose dans ses yeux – une brillance –, une curiosité que les enseignants n'arrivaient pas à saisir, parce qu'il n'était pas dans la normalité : il ne savait pas lui-même ce qu'était la normalité.

J'ai ressenti très vite son ouverture, son empathie, sa générosité, son sens du relationnel, ce charme extraordinaire qui font que les gens le considèrent spontanément comme leur enfant, leur fils. Il sait tisser un lien affectif avec le premier venu, sans chercher à plaire, sans se laisser non plus manœuvrer, confrontant l'autre avec douceur et gentillesse.

***

H. : Le hasard a bien fait les choses. Quand je t'ai rencontré, j'étais dans une période où tout était sombre dans ma vie. J'avais depuis peu quitté le foyer familial où vivait ma mère, mon père étant parti de la maison quand j'avais quatorze ans. J'étais en alternance depuis deux ans, j'avais une copine, et c'était un peu le bordel dans tous les domaines, surtout sur le plan relationnel. Je ne comprenais pas ce qui se passait, j'allais chercher dans l'alcool, la fumette (l'herbe), le sexe, de quoi nourrir ma vie, me sentir vivant. Je comblais un vide, jusqu'au moment où je me suis rendu compte que je me détruisais. J'avais vingt ans. Plus personne ne comprenait ce que je vivais, car, extérieurement, je donnais l'impression que tout allait bien.

Avec toi, c'était la première fois que je pouvais tout dire sans avoir peur d'être jugé. Tu me disais ta manière de faire : il existait un lien entre l'accompagnant et l'accompagné. Il y avait des émotions, nous étions des êtres humains qui se parlaient. Je sentais qu'il se passait quelque chose.

Je me souviens d'avoir dit à mes quelques copains proches que j'avais rencontrés un « vieux » type pas comme les autres, hyper ouvert d'esprit. J'avais trouvé un père spirituel, un père. J'ai très vite compris pourquoi j'allais te voir. Parfois, je n'en avais pas envie, mais au fond de moi, je savais qu'il fallait que j'y aille, même si je n'avais pas le temps, pas l'argent. Même si j'avais trop bu, trop fumé, je me disais : *Je vais m'occuper de moi, je vais résoudre mes problèmes.* Jamais je n'ai annulé une séance.

P. : Nous n'étions pas dans une relation hiérarchique, pas des copains non plus. J'étais un père, un modèle, un référent, il y avait un cadre. Je n'étais pas dans une posture éducative, j'étais dans l'écoute et l'accompagnement, sans être laxiste. C'est ce qui a permis d'installer la confiance. Tu ne pleurais pas, tu n'étais pas triste, mais tu avais des crises d'angoisse, tu prenais des antidépresseurs, tu étais perdu.

H. : J'étais fatigué, dépendant, alcoolisé, *fêtard-tard*, avec des pulsions très fortes auxquelles je ne résistais pas. Si j'avais envie de boire, je buvais, envie de fumer, je fumais, envie de baiser, je baisais. Je vivais tout cela très fortement, conscient de ne pas pouvoir me refréner.

Je me souviens que lors de notre premier rendez-vous à l'I.A.E. – tu étais mon tuteur de stage – tu m'as dit au bout de cinq minutes : *Tu ne fumerais pas des joints, toi ?* J'avais les yeux rouges, j'arrivais défoncé le matin. Et puis tu as continué : *Tu ne sais pas ce que tu fais là...* J'ai répondu non. Tout de suite, j'ai senti quelque chose. Ton approche était très différente de celle de tous les profs que j'avais eus pendant quinze ans. Sur le moment, je n'ai pas pris conscience que j'allais pouvoir entamer un nouveau mode de relation. Tu m'as tendu la main, tu m'as donné ton premier livre[2]. En le lisant, j'ai découvert ta vie et ça m'a parlé. Malgré les quarante années qui nous séparaient, j'identifiais des points communs entre ce que tu avais connu et mes propres problèmes relationnels avec mes parents, avec les femmes... Ta vie personnelle, même avec cet écart de génération, résonnait avec la mienne.

Quand je te disais que je fumais cinq joints par jour, tu comprenais. Je n'ai pourtant pas arrêté du jour au lendemain, mais je sentais que tu m'entendais. Un jour, je t'ai raconté que j'avais couché avec une fille, l'ex-copine d'un pote, c'était compliqué. Tu rebondissais, tu me disais qu'en mai 68, tout le monde avait une sexualité déchaînée. Ça m'aidait à dédramatiser et à déculpabiliser.

P. : Je t'avais parlé de ma propre libération sexuelle, mais je t'avais dit aussi que je regrettais. Je t'avais démontré dans quelle illusion j'étais... C'est intéressant l'histoire du joint. Tu me disais que tu fumais et tu ajoutais : *Qu'est-ce que tu en penses ?* Et moi, je comprenais, certes, mais j'objectivais le risque, je te mettais en garde contre les dégâts de la fumette sur le cerveau.

H. : Un jour, je me suis vu dans le miroir : *putain, j'ai*

2. P. Baillon, *op.cit*

envie de crever. Entre quinze et vingt ans, j'avais vécu ces expériences de manière intense : l'herbe, l'alcool avec mon père. Je voyais mon père au bistrot, je buvais avec lui, je lui payais parfois ses bières, ça a duré cinq ou six ans, jusqu'au moment où je me suis rendu compte qu'il y avait des nœuds partout dans ma vie. Je me suis réveillé. J'avais envie de mourir alors qu'apparemment tout allait bien : j'étais beau gosse, je plaisais aux filles, ça marchait bien dans mon boulot chez Kazio (grande surface de déco), je m'arrangeais avec mes études pour que ça se passe à peu près bien… Mais intérieurement, tout foirait. Et c'est à ce moment-là que la vie t'envoie vers moi.

P. : Notre premier lien s'est noué sur le plan mental, autour de ta vie professionnelle et de ton cursus à l'I.A.E. Le fil rouge était la préparation de ce mémoire qui te mènerait au diplôme, mais je sentais bien que tu ne serais pas en état de le rédiger, tu planais un peu. Loin de moi alors, l'idée de te reprocher de sécher les cours. J'ai renoncé à t'obliger à obtenir ton diplôme, mais j'ai insisté pour que tu t'intéresses à ta vie professionnelle. C'était un terrain concret sur lequel il me fallait t'entraîner pour que tu t'y accroches.

Compte tenu de ta souffrance, de ton problème de dépendance, je t'ai conseillé d'aller voir un psy au B.A.P.U. (Bureau d'aide psychologique universitaire). J'étais enseignant, et par rapport à l'institution, je devais me protéger contre le risque que tu disjonctes… Je sentais que si tu décrochais de la vie réelle, tu pouvais basculer dans la drogue, le deal. À cet âge, quand tu sais que tu peux gagner trois mille euros en vendant de la drogue – dans ton milieu il y avait une certaine tolérance vis-à-vis de la consommation d'herbe, d'alcool – et que tu touches cinq cents euros en étant apprenti… Ce n'est vraiment pas facile.

Je me suis attaché à te montrer l'intérêt de ton boulot chez Kazio. Tu avais en charge le rayon des tapis de w.c., ça ne t'emballait pas. J'ai essayé de te faire réfléchir sur le pourquoi de la disposition de ces tapis dans le rayon, sur le fait que les consommateurs changeaient souvent de tapis… Toi tu t'en foutais, mais je voulais t'amener à approfondir ton désir professionnel. Tu avais un très bon contact avec ton chef de rayon, j'ai repéré ton côté opérationnel, tu étais à l'aise avec les codes sociaux du magasin, tu étais poli, tu savais poser les bonnes questions, tu étais efficace.

Tu es allé voir la psy du B.A.P.U., une psy classique comme celle que tu avais consultée à dix-huit ans quand ta mère t'y avait envoyé à cause de tes crises d'angoisse, et moi je te ramenais dans la réalité professionnelle tout en faisant le lien avec ce que tu travaillais avec elle. Tu me disais : *La psy ne me parle pas, elle m'écoute…* Nous étions dans une triangulation, la psy, toi et moi. Nous étions dans un processus de co-création. Je ne cherchais pas à te faire rentrer dans la norme, j'acceptais ta marginalité et j'essayais de comprendre qui tu étais, où tu en étais de tes objectifs, de ta fragilité.

Le problème avec les jeunes d'une vingtaine d'années, c'est qu'en les envoyant chez un psy, le risque est qu'ils ne continuent pas parce qu'ils ont l'impression d'être face à un mur. Moi j'associais les deux postures celle du coach et du psy. Je comprenais ton profond malaise et en même temps, je te remettais dans la vie concrète, je m'intéressais à ton avenir professionnel, je faisais tout pour que tu gardes ton boulot. Il fallait que tu trouves ton incarnation sur le terrain du métier, que tu connaisses le sens des règles du jeu dans la vie – *les lois de la vie.* Cet apprentissage professionnel est un moyen pour les jeunes en souffrance de se coltiner avec la réalité en étant protégés par l'école. Pour moi, il fallait que tu te passionnes pour Kazio, sachant que tu avais de la réserve intellectuelle, que tu pouvais aller plus loin.

H. : Avec la psy, je parlais beaucoup, j'évoquais des situations que je vivais mal avec ma copine et que je ne comprenais pas ; je racontais que je m'étais engueulé avec ma mère, que c'était compliqué, que je m'occupais d'elle depuis cinq ans… Je parlais de mes relations avec elle, avec mon père. Ça m'a permis de faire le vide, de lâcher, mais la psy me laissait seul avec mon questionnement : *Qu'est-ce qu'il fallait que je fasse ?*

P. : Je pense que tu avais arrêté avec ton premier psy, à dix-huit ans, parce que tu n'étais pas prêt à aller dans ton monde intérieur sans que tu fasses le lien avec ta vie présente. Le psy est là pour te faire rebondir, il essaie de comprendre le pourquoi de ton mal-être, mais il ne te fait pas travailler sur ta vie présente. Je décryptais ce que tu pouvais dire à ton psy et je te remettais dans le présent. Pendant tout ce temps où nous nous sommes vus, j'ai accepté que tu ne présentes pas ton mémoire de fin d'études. J'ai préféré protéger le lien avec toi plutôt que de t'engueuler parce que tu ne respectais pas le processus universitaire. J'ai fait en sorte de t'accompagner sans te culpabiliser.

Ma crainte était que tu deviennes dealer, et ton problème, c'était ton mal-être, tes angoisses. Tu n'allais pas bien, tu étais encore dans cette phase où tu te sentais perdu. Ce boulot qui te plaisait bien chez Kazio, tu en étais content, était pour moi le fil rouge qu'il fallait tenir.

H. : Déjà en terminant mon D.U.T. à Roubaix, j'avais demandé à être embauché chez Kazio parce que je ne voulais pas continuer mes études. Mais la personne qui m'avait recruté m'a conseillé de faire une licence en management, voilà pourquoi je me suis retrouvé à l'I.A.E. Ce boulot me maintenait en vie, on m'avait donné ma place, je m'étais rendu compte de mes capacités relationnelles, je m'étais senti très vite à l'aise. On m'a confié un poste de chef de secteur (j'étais le plus jeune à ce poste) et on m'a ensuite envoyé ouvrir des magasins…

P. : Tu avais trouvé ta place en travaillant, alors que tu étais déjà valorisé en tant que chef de bande avec tes copains. Au boulot aussi tu as réussi à devenir chef de bande, tu es très doué pour ça. Le problème des chefs de bande, c'est qu'ils sont souvent lucides, ils comprennent très bien dans quelle impasse ils se trouvent. De ce fait, il y a eu un déplacement : parce que tu as trouvé un travail, tu as pu te forger une identité différente.

H. : Oui, j'ai été chef de bande dès la puberté, au collège. J'organisais des soirées, des matchs de foot, j'emmenais mes potes en boîte de nuit, c'est moi qui conduisais, je faisais le con, j'amusais la galerie. J'avais toujours fait des jobs d'étudiant, j'ai été autonome très tôt, mais je vivais au-dessus de mes moyens.

Mon côté leader s'est révélé spontanément. Jusqu'à 13-14 ans, j'étais très timide. Ensuite, vers 15-16 ans, je me suis rendu compte que je plaisais aux femmes, j'avais de nombreuses « aventures ». Sous l'effet de l'alcool, j'étais désinhibé vis-à-vis des filles.

P. : Tu évoluais aussi dans le monde de la musique, ton père était un excellent guitariste rock qui avait fondé son groupe dans les années 80. Il a fait les premières parties de Johnny Hallyday en 2003. Pendant quinze ans, il a été un des meilleurs guitaristes de France. Tu étais donc le fils d'un rocker célèbre dans le Nord, tu vivais dans la fête, tu faisais du sport, tout contribuait à te faire une aura de leader.

Je pense que tu as connu le choc des 18-20 ans qui changent d'environnement. Leader au lycée, puis éclatement de la bande au moment de l'entrée à l'université, mais les liens se sont perpétués dans la fête. À vingt ans, tu t'es posé la question de savoir ce que tu allais faire de ta vie. Tu ne pouvais pas rester indéfiniment dans la dépendance (la drogue, l'alcool, les filles) et continuer de faire la fête tout le temps, tout en étant rejeté par le système universitaire.

H. : Oui, je voulais mourir et en même temps j'étais déjà dans ce questionnement.

P. : Le sens de ta vie, c'est la relation humaine. C'est

ton point fort, tu es bon dans la création du lien avec les autres. Tu as cette qualité fondamentale de créer du lien où que tu sois. Mon apport théorique aura été de travailler aussi avec toi sur ce thème : jusqu'où va-t-on dans la relation ? On peut chercher à fusionner avec l'autre et à un moment on comprend que ce n'est pas possible. Tu as cette culture très forte de la relation qui peut conduire à la dérive de la manipulation. Tu as pris conscience de ça, de la limite à ne pas dépasser. Du coup, ton boulot chez Kazio t'a servi de révélateur : tu t'es rendu compte que tu pouvais y trouver une relation nourrissante, qu'il était possible d'exister, de s'épanouir dans la vie professionnelle, au cœur du réel.

H. : Oui, à vingt ans je voulais fusionner avec tout le monde, ma mère, mes copains, ma copine, mon patron…

P. : Un des premiers chantiers que nous avons menés ensemble a été ce travail sur ta tribu. Comme je l'avais déjà fait avec plusieurs centaines d'étudiants quand je dirigeais une école d'ingénieurs, je t'ai proposé de faire ton génogramme[3] afin de clarifier ta position dans la généalogie de ta famille. J'ai souvent observé que les jeunes de 20-22 ans ne connaissent pas leur propre famille. Ensuite, nous avons regardé ensemble ta ligne de vie, une récapitulation de ton parcours, étape par étape, depuis ta

3. Le génogramme est un instrument d'analyse de la structure familiale qui permet de s'en donner une image graphique succincte et rapide souvent répartie sur trois générations et qui met en lumière les filiations et les ruptures de liens, les répétitions transgénérationnelles de comportements de dépendance ou les vulnérabilités.

naissance. Je me souviens que tu avais été passionné par le génogramme.

H. : Ce travail m'a permis de comprendre les liens qu'il pouvait y avoir entre l'histoire de mes parents et les comportements qu'ils adoptaient avec nous, les trois garçons. Ça m'a apporté du sens. Quand j'ai su qu'à la naissance de ma mère, ma grand-mère avait été hospitalisée pour dépression grave, que ma mère avait été élevée par sa grand-mère les trois premières années de sa vie, qu'elle avait eu un père très autoritaire ; cela et d'autres détails encore m'ont aidé à comprendre les raisons de sa fragilité.

J'ai appris aussi que mon arrière-grand-père paternel, clerc de notaire et passionné de chasse, était aussi très fêtard. Il trompait sa femme, il aimait faire la fête, il carburait au bon champagne… et tout le monde dans la famille était fasciné par lui. Or, dès qu'on gratte un peu, on s'aperçoit qu'il était malheureux, pas si respectable au fond… En tout cas, il ne respectait pas sa femme.

P. : En fait, tu as grandi entre deux cultures, celle d'un père musicien et fêtard – *Viens, on va se saouler et s'amuser, fumer* – et celle d'une mère institutrice comme ses deux sœurs. Elle t'a donné une éducation stricte. Tu étais angoissé, tu ne savais pas où te situer. Tu ne voulais être ni comme ton père ni comme ta mère.

H. : Mon père était quelqu'un de très fragile, il avait des blessures énormes à soigner, c'était un écorché de la vie, il était en colère contre tout. Et moi, je voulais le sauver, développer une vraie relation avec lui. Longtemps, j'ai couru après le lien père-fils dont j'avais un aperçu auprès de mes copains qui, eux, partageaient des moments de vie avec leur père, passaient leurs vacances avec lui. Il était là pour eux quand ils avaient besoin d'aide... Moi je n'avais pas ça, j'ai tellement cherché à établir ce lien avec mon père en le suivant au bistrot – on buvait des bières ensemble – que je me suis détruit. En revanche, je suis toujours ému quand j'écoute ses chansons, j'ai dû baigner dans sa musique entre 0 et 10 ans, voire même dans le ventre de ma mère.

La fragilité de ma mère était différente. Quand j'avais 12-13 ans, je voyais bien qu'elle pleurait régulièrement, qu'elle s'engueulait avec mon père. Elle a voué sa vie à son mari et à ses trois enfants, elle les a pris en charge, elle a accepté plus qu'elle n'aurait dû. Et de son côté, mon père ne vivait que pour la musique et pour ses succès sur scène. Il a été musicien professionnel jusqu'à ses 32 ans environ. Après il a essayé de « se ranger », mais n'a pas réussi ; du coup, il s'est réfugié dans l'alcool et les copains de bistrot. D'ailleurs, il était prof de sport quand il était jeune et il a toujours été sportif. Il n'a jamais refusé les choix de vie de ma mère : faire construire une maison à Bondues, élever des enfants... Aujourd'hui, maintenant que nous, les garçons, sommes partis et que mon père a refait sa vie, ma mère « renoue » avec une solitude qu'en réalité elle n'a jamais connue.

C'est elle qui avait mis mon père dehors. Ensuite pendant cinq ans, de 15 à 20 ans, je me suis occupé d'elle. Quatre soirs par semaine, elle tombait en pleurs dans mes bras quand elle rentrait de l'école – j'ai été longtemps incapable de voir une femme pleurer. J'ai longtemps fait le psy avec elle. Pas étonnant qu'à vingt ans j'ai pété les plombs… D'un côté, j'épongeais le chagrin de ma mère, de l'autre j'accompagnais mon père au bistrot où il s'engueulait avec le barman, mais aussi avec moi, parfois, avec ses potes et d'autres qui n'avaient rien demandé. Nous parlions boulot, filles, politique. J'essayais d'exister, d'être reconnu en tant qu'enfant.

P. : Tu étais pris dans un imbroglio affectif entre ton père, ta mère et la meilleure amie de ta mère qui était ta marraine et avec laquelle tu passais souvent les week-ends.

H. : Depuis toujours nous habitions à quelques centaines de mètres de ma marraine qui avait des filles de mon âge, avec lesquelles je passais énormément de temps, jusqu'au jour où j'ai compris qu'il s'était passé quelque chose entre ma mère et ma marraine. Quatre ans après, ma mère ne supportait plus les infidélités de mon père et l'a mis dehors.

P. : Adolescent, tu vivais dans un lotissement de cadres moyens post-soixante-huitards où les parents vous laissaient la bride sur le cou. Toutes les règles culturelles avaient sauté, ils faisaient la fête, ils buvaient, ils vivaient à fond leur liberté sexuelle, et vous, les enfants, étiez livrés à vous-mêmes. Vous formiez une petite république des gamins dans le lotissement. Ta mère était un îlot dans le système. Tu avais des étoiles dans les yeux quand tu voyais ton père sur scène, mais il n'y avait que ta mère qui s'occupait de toi. Dans le schéma familial, c'est en principe le père qui donne le cadre. Toi tu vivais des choses magiques avec ton père, mais il ne te donnait pas de cadre. C'était ta mère, plus masculine, qui le posait.

H. : Oui, ma mère était stricte avec nous, l'autorité, c'était elle. Quand il lui arrivait d'être absente un week-end et que mon père était à la maison, il nous laissait tout faire. Avec ma marraine aussi, nous étions totalement libres. J'avais une mobylette, j'allais partout où je voulais. En fait, ma mère nous a imposé des règles jusqu'au bac. Après le bac, il fallait qu'on fasse des études ou qu'on trouve un job. L'année de mon bac, je ne savais absolument pas ce que je voulais faire après, ma mère m'a proposé de faire des études et éventuellement une école de commerce en me faisant comprendre qu'elle emprunterait de l'argent pour payer mes études. Ce n'était absolument pas envisageable pour moi, j'ai donc suivi le cursus de mes frères qui avaient eux aussi fait l'I.U.T. de Roubaix, pour suivre la meute de branleurs des bacs technologiques de la métropole. C'est à cet âge, 19-20 ans, que je suis allé toucher les limites.

P. : Quand nous avons fait ta ligne de vie, j'ai été frappé de l'importance de ton engagement dans le sport. En skate, tu étais le meilleur. Et puis tu t'es blessé. Tu as maltraité ton corps.

H. : Oui, j'ai fait beaucoup de skate entre 5 ans et 14 ans, ensuite j'ai grandi très vite et je me suis blessé, donc j'ai arrêté. Ensuite j'ai fait du foot en salle où j'ai dû me faire au moins huit entorses aux chevilles. J'ai arrêté, et maintenant je fais surtout du Crossfit (fitness à haute intensité), du surf en vacances, du skateboard, j'aime les sports de glisse, les sensations.

J'avais toujours envie d'aller plus haut, plus loin, plus fort, je n'avais pas conscience de me mettre en danger. Il y a quatre ans, je me suis cassé les coudes en remontant sur une planche de skate pour impressionner mes amis.

Dans la famille, j'étais le petit dernier, le préféré. Mon frère juste au-dessus de moi parlait peu, ma mère l'appelait *son énigme*, elle le dit encore. L'aîné, lui, était un leader, fonceur, hyperactif, mais ça n'allait pas tellement à l'école. Il était très attachant, mais il faisait tout le temps des conneries, il ne tenait pas en place. Quand j'étais petit, il me protégeait, il m'a toujours caché qu'il avait un rapport illicite avec l'herbe. J'étais le plus jeune, avec l'impossibilité de partager des activités avec mes frères.

P. : Quand tu me parles d'eux aujourd'hui, tu me dis que tu les prends en charge alors qu'eux ne t'ont jamais pris en charge : tu n'existais pas pour eux. C'est amusant de constater cette rivalité entre vous trois, et en même temps vous ne pouvez pas vous quitter. Vous êtes très liés, vous vous voyez souvent. C'est vraiment tribal entre vous.

H. : Nous nous voyons souvent chez ma mère, il y a une forte connivence entre nous qui a toujours existé, mais aucun n'est capable de mettre des mots sur notre relation. Il y a une pudeur terrible entre nous. Encore maintenant mes deux frères sont en colère contre mon père, nous en parlons régulièrement. Très souvent ça revient. Quand l'un des deux va le voir en Bretagne, je lui dis : *Tu devrais parler avec Papa, tu vas désamorcer un petit peu...*

Récemment, j'ai fait faire chez un photographe des tirages grand format de superbes photos de mon père quand il jouait sur scène. Je leur envoie pour avoir leur avis sur cette idée de cadeau de Noël pour mon père. Ils valident... et me demandent de faire encadrer une photo pour eux. Ils ont accumulé trente ans de déceptions, de rancœurs, et ils veulent la photo de leur père dans leur salon...

P. : A ce moment de l'accompagnement où nous avons fait l'inventaire de la tribu, nous avons analysé le milieu d'où venait ton père, avec ses dérives, et nous avons mis le doigt sur la souffrance psychologique de ta mère. Là, tu comprends que tu es doté d'une aura, comme ton arrière-grand-père paternel, et du même coup tu t'aperçois du côté factice de ce charisme à travers la fête. C'est touchant, car tu te rends compte de ce qui sonne faux dans ton leadership.

H. : Je le comprends maintenant, mais quand nous avons fait le génogramme, j'ai mis du temps à analyser les choses. Une petite lumière s'allumait, j'étais dans l'étonnement : *C'est comme ça que ça se passe, c'est ça ma famille ?* Je m'aperçois que c'est le bordel dans toutes les relations, je ne comprends pas grand-chose d'autre, et en même temps ça me rassure car je sais d'où je viens. Ensuite le génogramme et ce travail sur ma ligne de vie m'ont permis, étape par étape, de commencer le nettoyage.

Quand je dis « le bordel », je veux dire que je me rends

compte à quel point tout est déséquilibré, rien n'est sain ni normal. Avant je vivais dans l'illusion que nous formions une famille parfaite. Nous étions tous beaux, tout allait bien. L'image qu'on renvoyait était celle d'un film en technicolor... Alors qu'en fait rien n'allait droit.

P. : À un moment, tout l'échafaudage du modèle s'effondre. Tu comprends que tu profitais du système, tu étais libre et autonome, tu faisais du sport, tu étais chef de bande, tu vivais une jeunesse dorée sur tranches...

H. : Oui, alors que mon père était alcoolique, qu'il trompait ma mère. Mon frère aîné était dépendant de l'herbe, mon autre frère était triste, ma mère était malheureuse. Avant, je pensais que je pouvais compter sur ma mère, mon père, mes frères. Et là, l'image d'Epinal vole en éclats, il faut que je sorte la tête de l'eau, que je sauve ma peau.

P. : Tu sors de l'adolescence où tu avais connu une grande liberté, tu admirais ton père et ta mère te cadrait, et d'un seul coup plus rien n'est clair, tu ne sais plus ce dont tu as envie, tu ne veux pas être comme ton père ou ta mère, tu refuses de te conformer au modèle que tu as admiré. Tu avais une relation très forte avec ton père – ce qui t'as plongé dans la dérive – mais aussi avec ta mère. Tu ravitaillais ton père en bière et apportais des kleenex à ta mère.

Ton système de références bascule. D'ailleurs nous pourrions dire que tu es, à ce titre, une sorte de figure de proue de toute une génération. Beaucoup de jeunes de ton âge, notamment les copains de ta bande, ont connu la même situation de dérèglements derrière la façade d'une famille exemplaire. En apparence, tout est beau, mais en réalité la famille dysfonctionne. Tu ne sais plus quelles sont tes valeurs, tu n'as pas envie de sombrer dans la dépendance à l'alcool et à la fumette. Ta seule force, c'est ton côté sportif, ton sens de la compétition, ton charisme et ton sens relationnel extraordinaire. Tu ne sais plus trop ce qui est juste, tu vois ta mère sobre et dépressive, ton père alcoolisé et angoissé. Tu me disais : *J'en ai marre d'avoir la gueule de bois le lundi matin.* Tu me racontais qu'avec tes copains vous commenciez à boire le vendredi soir et vous n'arrêtiez que le dimanche soir. Ton corps commençait à protester.

H. : Oui, les lendemains de soirée, j'avais envie de crever.

P. : Notre rencontre a été déterminante parce que tu trouvais en moi un enseignant pas comme les autres, un adulte différent de ta mère et de ton père, ou encore de ta psy du B.A.P.U. Si ta demande d'accompagnement n'était pas formulée, ton comportement parlait pour toi. Je sentais un profond malaise, une souffrance qui relevait du psy. Dans le même temps, j'entendais ta demande de pouvoir t'insérer dans la vie. Je voyais que tu avais un potentiel et qu'il fallait que tu incarnes ce potentiel, c'était mon objectif de fond. Tu étais paumé, tu n'aurais pas pu formuler une demande explicite. Le seul ressort sur lequel nous pouvions jouer, c'était ton boulot chez Kazio où tu étais apprécié.

H. : Je me suis laissé porter au début, c'était très inconscient. Ça dépendait des sujets, mais je savais mettre des mots sur mes émotions, je savais dire que j'étais en colère contre mon père, triste à cause du chagrin de ma mère, en manque vis-à-vis de mes frères.

Chapitre 2
Le deuil de la passion fusionnelle

Avec Hugo, nous avons travaillé sur son rapport aux femmes, par téléphone, à l'époque où il était à Clermont-Ferrand puis à Angers ou à Lille le samedi matin quand il rentrait. Que signifie avoir une relation avec une femme ? Comment gérer sa pulsion sexuelle ? Au cours de l'accompagnement, Hugo a pris conscience de ses pulsions sexuelles et de la transition de la pulsion au désir. Nous avons touché avec lui à ces moments qui conduisent à des crises d'angoisse : « Je suis dans l'illusion d'une relation amoureuse, et d'un seul coup, j'arrive au blocage quand je retrouve, dans cette femme, le modèle de ma mère ». C'est là que se produit l'instant de sidération.

Dans l'angoisse, il pleurait, il me disait qu'il se sentait perdu, qu'il ne savait pas comment faire. Durant ces cinq années, il a fait l'expérience de la gestion du « manque » au sens psychanalytique pour lequel la pulsion sexuelle est une forme d'expression du manque. Hugo a pu être accompagné dans cette expérience inévitable que chacun d'entre nous connaît. Cela a été décrypté et accompagné tout au long du parcours. En mettant des mots sur l'expérience, en comprenant qu'il lui fallait prendre de la distance avec ses pulsions sexuelles pour pouvoir vivre l'amour, il a été amené vers sa relation actuelle avec Jade, une femme fragile, non moins compliquée que les autres. La différence est qu'Hugo n'est plus dans la passion : il ne cherche pas à la sauver. La relation peut donc se construire.

L'étape de la fusion avec une femme, un terrible vecteur d'angoisse, a été dépassée. Les plans d'un soir, ça ne convient plus à Hugo ; il renonce au rêve de la fusion avec la mère caractéristique du complexe d'Œdipe. Il en vient à accepter de construire une relation avec une femme différente de lui, à partir d'un lien vibratoire noué bien plus tôt, au collège. Étant accompagné dans le passage de ces étapes obligées de la relation aux femmes, Hugo a pu faire le deuil de la fusion.

***

H. : Quand je t'ai rencontré pour la première fois, j'étais en couple avec Léa. Je me suis séparé d'elle quelques mois avant de partir à Clermont–Ferrand où Kazio m'avait envoyé ouvrir un magasin en tant que chef de secteur junior ; j'avais 21-22 ans. J'étais avec elle depuis deux ans déjà et nous vivions ensemble depuis un an. C'est moi qui lui ai demandé de partir.

Elle était une femme très jolie, très discrète, brune aux yeux bleus. Ce n'était pas dans mes habitudes avec les filles ; mais pendant six mois, au début de la relation, il ne s'est rien passé entre nous. Pendant six mois – nous étions tous les deux étudiants à l'I.U.T., elle à Valenciennes et moi à Roubaix – je faisais les allers-retours Lille-Valenciennes sans avoir couché avec elle. Ça me paraissait incroyable : pour la première fois, j'avais une relation longue durée avec une femme, j'étais complètement accro. De son côté, elle ne voulait pas brusquer les choses. Je l'avais rencontrée par l'intermédiaire de copains ; elle faisait beaucoup la fête pendant ses études et moi aussi. L'histoire a démarré ensuite.

Avec le recul, je pense que je l'ai choisie parce que je l'ai sentie très fragile, elle avait une histoire de vie compliquée, son père était mort quand elle était toute petite, sa mère ne lui en avait jamais parlé, son beau-père était autoritaire avec elle. Je la voyais complètement paumée, j'ai voulu la prendre en charge. Jusqu'au moment où nous sommes entrés dans une relation fusionnelle.

P. : Pourquoi ça ne s'était pas produit avant, avec d'autres femmes ?

H. : Je crois que c'est lié à sa personnalité. Je me disais : *C'est dingue, je n'arrive pas à coucher avec elle, c'est une fille qui a du caractère, qui me résiste !* Au début, j'étais très curieux de son comportement. À seize ans, elle avait hérité de son père, elle était seule, déjà très indépendante. Elle n'avait pas du tout la même histoire familiale que moi, elle n'appartenait pas à un clan et elle n'était pas de mon milieu. Je voyais son côté « femme forte » et en même temps je devais ressentir sa fragilité. J'ai mis beaucoup de temps à entrer dans son intimité. Au début, je me faisais un film, je ne savais pas très bien qui était la personne avec laquelle j'étais en train d'entamer une relation.

C'est seulement ensuite que je l'ai compris, quand nous avons commencé à nouer un lien fusionnel. C'est à ce moment-là qu'elle s'est ouverte à moi sur son histoire familiale et que je l'ai découverte. Nous étions très accros l'un de l'autre. Alors même que je comprenais à quel point son histoire était compliquée, je prenais conscience qu'il en était de même pour moi. J'ai décidé de faire le chemin, de lui tendre la main pour faire ce chemin à deux. Mais, je voyais que c'était trop dur pour elle. Dans les discussions que nous avions, elle ouvrait les yeux sur plein de choses douloureuses. Et je me suis dit que je n'allais pas y arriver ni réussir à la porter tout en me portant moi–même. Voilà pourquoi j'ai alors fait le choix d'arrêter.

P. : C'est intéressant de noter qu'au moment où tu modifies ta relation avec les femmes, tu tombes sur une femme qui te résiste à toi, le beau mec, le Don Juan, et qu'au bout de six mois, tu entres dans la passion fusionnelle.

H. : Pendant un an, nous ne faisions plus qu'un, c'était top. Ensuite, je t'ai rencontré et j'ai commencé à mettre des mots sur des comportements. Au fond de moi, j'ai compris que l'amour, ce n'était pas ça. En réalité, je reproduisais quelque chose du lien maternel, ce dont j'ai rapidement pris conscience au cours du travail avec toi.

P. : Dans ce scénario, tu rentres dans la fusion, tu vis six mois intenses, et tout d'un coup *ce n'est pas ça.*

H. : Après, il y a eu le dégoût. Ce déclic très fort du *ce n'est pas ça,* c'est le moment où je démarre le travail avec toi, je prends conscience des choses, je sors la tête de l'eau.

P. : Nous verrons si cela est une constante chez toi : tu deviens accompagnateur de cette femme. Ce que tu recherchais avec ta mère, tu le retrouves avec elle, du coup tu es pris de panique. La fusion, c'est le désir de revenir dans le « ventre de la mère ». Ce que tu as vécu avec ta mère, c'est une relation avec une femme dépressive, qui pleurait souvent. Et à ce moment de la relation avec Léa, tu n'as pas envie de revivre ce que tu as vécu avec ta mère en devant la porter à bout de bras.

H. : Oui, c'est exactement ce que tu racontes dans ton livre[4].

> *(…) « J'observe, en accompagnant un jeune homme de vingt–deux ans depuis un an et demi, combien il est important de travailler avec cette génération sur la relation entre vie affective et vie professionnelle – quelle différence, quels points communs entre les deux ? Ce garçon s'est éloigné géographiquement de son amie et s'est séparé d'elle. Il entretient d'autres relations féminines et quand il apprend que son ex–amie s'est trouvé un nouveau compagnon, il se met à faire une crise d'angoisse… Dans le même temps, il apparaît que dans le contexte professionnel, il se comporte*

4. P. Baillon, *Vivre avec une femme ou l'ambivalence d'Adam,* L'Harmattan, 2012.

dans sa relation à sa patronne comme un enfant qui a besoin d'être dorloté. Un rôle qu'elle n'a pas envie d'endosser. L'un et l'autre manquent de confiance en eux–mêmes, d'où le côté séducteur de l'un et l'agressivité chez l'autre. Ce jeune cadre, au lieu d'accueillir ce qu'il est – sa part féminine – et de recevoir, s'évertue à charmer pour manipuler et donner. »

P. : Sur le plan théorique, nous pouvons dire qu'il y a ce moment où le jeune découvre qu'il est en quête de fusion et qu'il doit faire le deuil de cela. C'est un Don Juan, il cherche à conquérir, à fusionner et là, c'est brutal parce qu'il a immédiatement retrouvé sa mère alors qu'il voulait une femme forte, une femme enfin différente de sa mère. Tu retrouves la même chose et c'est intolérable, d'où le dégoût.

H. : C'est une femme que j'adore encore aujourd'hui, mais à la fin j'en suis arrivé à ressentir du dégoût pour l'acte sexuel, pourtant c'était une fille magnifique...

Pendant un an, je lui ai dit qu'il fallait qu'elle se fasse accompagner pour pouvoir s'en sortir à deux, mais elle me répondait que ce n'était pas le moment : *C'est ton truc, pas le mien.* Pourtant il y avait du boulot à faire sur son histoire personnelle, mais c'était trop dur à entendre pour elle. Moi, je travaillais sur la relation à mon père, je lui renvoyais un miroir pas très agréable.

P. : Elle a beaucoup travaillé, elle a connu une histoire semblable à celle d'Annie Duperey qui a perdu son père et sa mère quand elle avait huit ans. C'est une fille qui s'est blindée. L'autre étant dangereux, elle est en survie.

Au départ, tu as été accompagnateur, pas sauveur. Tu as eu un rôle d'accompagnateur, proche d'elle, attentif à ses besoins. À un moment, tu deviens sauveur, mais au début tu as très envie de l'accompagner, au point d'être envahissant. Dans le dedans/dehors, tu veux comprendre pourquoi ta mère-femme se comporte de cette manière – c'est la question de fond. Tu es donc attiré par des femmes mystérieuses. Il y a cette quête de compréhension de l'autre pour comprendre ce qui t'arrive.

Tu étais encore chez Kazio et la question était de savoir si tu restais à Lille ou si tu partais. Tu vois le décalage avec tes copains, il y a cette relation avec une fille qui n'aboutit pas : *Est-ce que je reste à Lille ou est-ce que je quitte l'environnement familial, mes racines ?*

H. : Quand on me fait cette proposition de partir à Clermont-Ferrand, il y a pour moi l'intérêt de sauver ma peau – dans cette relation avec Léa – mais aussi d'apprendre à devenir un adulte : nouveau job, nouvel environnement, nouvel appartement. À Lille, je restais dans un environnement familier, « tous les dimanches chez maman », et mon père vivait encore à Lille. Là-bas, à Clermont-Ferrand, je ne connaissais personne.

P. : Un choix terrible. Ta relation avec Léa avait duré longtemps. Auparavant tu avais des histoires de courte durée, un mois maximum ; c'était la première fois que tu t'engageais. Et clac, sans raison objective, tu ressens du dégoût.

H. : C'est dur, le dégoût.

P. : Tu ne peux plus faire l'amour avec elle.

H. : Oui, et il ne se passe plus rien dans la relation.

P. : Tu l'admires toujours, tu es toujours attaché à elle, c'est vraiment de l'ordre du cœur, ce n'est pas mental. Ce dégoût physique ensuite, c'est quelque chose que tu ne contrôles pas mentalement.

H. : Je lui ai demandé de partir en lui disant que nous allions faire une pause n'osant pas lui dire que la relation s'arrêtait. Pendant trois ou quatre mois, j'ai fait l'aller-retour Paris-Lille, mais j'avais encore mon appartement. J'ai très vite repris les plans d'un soir, alors que Léa tentait toujours de savoir si on allait redémarrer la relation : la pause avait-elle été suffisamment longue ? Un jour, je lui dis que l'on arrête, et, un mois après, j'apprends qu'elle a un copain. Du coup, je suis dans une détresse terrible : plus rien n'a de sens, elle m'appartenait et maintenant tout s'effondre.

À ce moment-là, j'étais capable de rentrer à Lille, d'arrêter mon job… Je t'appelle à 11 h du soir en pleurant, je veux la récupérer coûte que coûte. Et tu essaies de me calmer, de me faire retrouver la raison. Il n'y a plus rien de raisonnable, rien n'est plus cohérent.

P. : Tu es dans une détresse profonde au niveau du cœur, et j'essaie de te remettre dans le mental.

H. : Aujourd'hui, je peux dire que rien n'avait de sens à ce moment. À l'époque, j'étais dans la dérive, je me sentais seul, abandonné.

P. : Dans cette crise d'angoisse profonde, il y avait un risque. Heureusement, tu avais le lien avec moi.

H. : Oui, et j'avais aussi un pote, Alex, un type à l'opposé de moi, très dur, strict avec lui-même. Nous dormions dans la même chambre d'hôtel, il m'entendait pleurer la nuit, il me soutenait.

À cette époque, j'ai tout fait pour récupérer Léa. Je l'ai harcelée et lui ai écrit une lettre. Elle a pris le temps de réfléchir et nous sommes retournés ensemble. Quand nous nous sommes retrouvés, nous avons recouché ensemble le soir même et aussitôt après je me suis dit que je n'aurais jamais dû revenir avec elle. C'est terrible, horrible…

P. : Quelle image tu avais de toi ? Qu'est-ce qui fait que tu n'aurais jamais dû ?

H. : Je n'aurais jamais dû vouloir posséder l'autre, je me vois comme le plus gros manipulateur de la terre.

P. : Deux versions possibles, la honte ou le réflexe du Don Juan : j'ai réussi à la conquérir, ensuite je la jette.

H. : Non, j'étais envahi par la honte. Je reste avec elle alors que la relation est vouée à l'échec et que je sais que ça ne pourra pas continuer. J'étais à Clermont-Ferrand, j'ai gardé la relation à distance, nous rentrions tous les week-ends à Lille avec Alex, je vivais avec elle, je n'étais pas bien, pas amoureux. Un soir, je rentre à Lille et je lui dis que c'est terminé. Je me sens le pire des enfoirés, elle s'accroche à ma jambe, elle vomit, elle pleure : *Tu ne peux pas me faire ça !* Sur le moment, ça me fait penser à une personne que j'abandonnerais au bord de la route. Un truc horrible, un des faits les plus marquants de ma vie. Quand je me regarde dans le miroir, je me fais horreur, je ne dors pas bien, je reprends la fumette et l'alcool.

P. : Tout se passe au niveau tripale, tu ne comprends pas ce qui t'arrive. Tu pourrais basculer dans la folie, dans une forme de délire, c'est ce que je craignais. Je me rendais compte que tu étais dans un état paroxystique.

Qu'est-ce qui fait que ton dégoût se renforce, que tu ne maintiennes pas la relation avec elle ? Est-ce pour être sûr de ne pas retomber dans l'angoisse ?

H. : Je ne sais pas. Je sais que c'est terminé, rien d'autre.

P. : Tu as honte de toi. J'ai l'image du gamin qui voit son père partir. Quand tu vois la détresse de Léa, tu vois la tristesse de ta mère après le départ de ton père. Tu es dans la froideur, comme si tu revivais une forme de sidération.

H. : Je n'ai pas beaucoup de souvenirs avant mes 15-16 ans, mais je vois encore mon père me dire au-revoir. J'étais dans mon bain, un dimanche matin, mon père ouvre la porte et me dit : *Ta mère me met dehors, je m'en vais.* Et moi, nu dans l'eau de la baignoire, je suis dans la sidération et je hurle : « NON ».

Dans mon souvenir, je reste bouche bée. Ma mère m'a raconté qu'en réalité, c'est elle qui a obligé mon père à monter dans la salle de bains où je clapotais dans la baignoire, pour me dire qu'il s'en allait. Elle l'a mis dehors, elle l'a pris par la peau du dos : *Tu ne vas pas partir comme ça !* Et elle l'a emmené dans la salle de bains. Elle me dit qu'à ce moment-là, j'ai crié. Je ne m'en souviens pas. Quand ma mère m'en parle aujourd'hui, c'est un souvenir horrible pour elle : *Je n'aurais jamais dû le forcer à venir te voir pour te dire qu'il partait.* Récemment, elle m'a raconté qu'elle avait attrapé mon père par la peau du dos pour qu'il explique à ses enfants pourquoi il partait.

P. : Tu étais sous le coup de la sidération, comme ces gens qui ont vécu un attentat et qui ne s'en souviennent plus parce qu'ils étaient figés dans la sidération. Il faut sans doute faire le lien avec ton angoisse d'avant le départ de ton père : l'enfant sent que ses parents sont fragiles, il a peur de la rupture. Ton père ne peut pas partir, et là, tu hurles dans ta baignoire.

Si on part d'une hypothèse mentaliste, ton angoisse était prémonitoire. Tu sentais, sur le mode vibratoire, que ton père n'était déjà plus là, qu'il aimait une autre femme.

Dans ton chemin, tu clôtures avec Léa. La relation avec l'autre ne peut pas être dans la passion. Tu clos cela avec un retour sur l'angoisse. D'un seul coup, tu es dans un vide. Tu vois que la passion mène à une impasse et en même temps, tu ne supportes pas qu'il n'y ait plus de passion.

Tu refermes, d'où ta dureté naturelle devant le désespoir de quelqu'un. C'est plus archaïque pour toi, tu ne t'appesantis pas, tu ne cours pas rattraper Léa. Tu as honte et tu es étonné de ton propre comportement. C'est lié à ton histoire : que se passe-t'il pour que d'un seul coup tu deviennes dur comme la pierre....

H. : Oui, quand je pars de chez elle, je rentre chez ma mère en pleurant avec une culpabilité tellement forte. Je suis inquiet de savoir Léa dans cet état, au point que j'appelle quelques-unes de ses copines pour qu'elles aillent au plus vite chez elle. J'ai peur du suicide, peur de plein de choses... Et après je pleure pendant trois jours. Je n'ai pas le cœur sec, c'est comme si j'étais arrivé à un point de non–retour, aucune négociation n'était plus possible. Même si elle me disait qu'elle avait pris rendez-vous avec un psy, ce que j'aurais voulu entendre avant. c'était trop tard.

P. : Tu es dans un état ambivalent, tu ne comprends rien : Tu n'as plus de sentiments pour elle et en même temps tu vas pleurer dans les bras de ta mère. Tu touches l'impossibilité de fusionner avec l'autre. Du coup, tu retombes dans l'envie de fusion avec ta mère. Le point central, c'est ta mère. Que s'est–il passé après ?

H. : J'enchaîne les plans d'un soir. Je comble le vide, je suis en pleine régression. Et puis je redémarre une relation avec une femme pendant 3-4 mois. J'étais sorti en boîte de nuit, je fumais, assis sur les marches à cinq heures du matin. Nous ne nous étions pas dit un mot de toute la soirée, mais là nous nous croisons et nous communiquons par le regard. Elle finit par m'inviter chez elle. Elle a mis du temps à me dire que ses parents étaient morts.

Ce n'était pas une histoire d'un soir, nous nous sommes attachés l'un à l'autre. Elle m'a ensuite quitté parce que je partais dans une autre région. Une relation à distance, ça ne nous emballait pas. J'ai été un peu triste, mais sans plus. Elle est revenue me chercher une semaine après, mais au moment où je partais à Angers, j'ai dit non, on arrête.

P. : C'est intéressant, cette synchronicité. Tu rencontres des femmes qui n'ont pas eu de père – comme ta mère qui n'a plus de mari. Ce qui renvoie à ta relation avec ton père. De plus, ça ressemble à un troisième type de relation. Tu avais enchaîné les plans d'un soir, puis tu as connu une première relation passionnelle et cette fois vous êtes bien ensemble, ce n'est pas la passion, mais vous êtes déjà dans une certaine durée.

H. : C'était une fille très jolie, intelligente, mais fragile. Je ne rentre pas dans son intimité, dans son histoire de vie, elle ne m'en parle pas. Ça me brûle les lèvres de l'engager à m'en parler, mais je sens qu'elle va partir si je le fais.

P. : Tu t'étais brûlé les ailes avec Léa. Là, vous êtes bien ensemble, vous faites l'amour, vous avez les mêmes goûts, vous partagez les petits déjeuners, il y a des gestes automatiques, pas d'engueulades. Vous avez les mêmes codes sociaux.

H. : Ensuite, je pars à Angers, je découvre des « applications » pour rencontrer des femmes, je continue les plans d'un soir. Je me défoulais dans les relations physiques, je comblais un manque, et en même temps j'existais, je vivais des sensations fortes.

Quand j'étais à Angers, je ne suis quasiment pas rentré à Lille, c'était la première fois que je partais loin de chez moi pour longtemps. Pas de potes, pas d'argent, je ne revenais pas à Lille, je voyais ma mère tous les quatre mois, je ne fêtais pas Noël en famille. J'avais pris une vraie distance.

P. : L'autre est un objet, tu ne crées pas une relation avec l'autre.

H. : J'ai des relations très courtes, intenses. À cette époque, le sexe a été une drogue incroyable. J'arrive dans mon appart les premières semaines, je suis seul, je ne connais personne, à part les gens avec lesquels je travaille. J'ai 24 ans, je n'ai pas l'énergie d'aller dans les soirées étudiantes. Je me connecte sur des sites de rencontres et très rapidement je suis en discussion avec une quinzaine de filles. J'en viens à créer un message-type : *Je suis différent, ça me saoule de parler, je préfère qu'on se voie.* La première semaine, je voyais déjà deux-trois filles avec lesquelles j'avais des relations sexuelles, ça a duré un an.

P. : Qu'est-ce qui a fait que tu n'as pas eu envie de recréer une relation durable ?

H. : Ce qui s'était passé avec Léa m'avait vraiment atteint, je ressentais pour elle des sentiments très forts. Je me suis senti vraiment blessé d'avoir fait ce que j'ai fait.

Je voulais m'éloigner de ça, en ne prenant plus d'engagement sentimental. C'est trop compliqué, et cela faisait trop mal.

P. : Sur le plan théorique, on peut dire que dans la relation à l'autre, il n'y a pas encore l'idée de construire, ça reste au niveau vibratoire, sans projet commun, même avec Léa.

Il y a un moment de passion, puis un système de protection se met en place : impossibilité de continuer, la crise d'angoisse. À ce moment-là, tu revis l'angoisse de la séparation vécue dans ta famille, tu essaies de combler à nouveau et là tu es dans la sidération. Ensuite, tu essaies avec une autre fille, d'une manière plus froide. Mais là aussi, il n'y a pas de projet ensemble, l'autre n'existe pas et tu retournes dans la gestion du « manque ».

H. : À ce moment, je suis un mec qui subit la dépendance de l'herbe, de l'alcool, pour vivre des choses.

P. : Tu es dans ce mécanisme où tu t'es mouillé, tu t'es ouvert et tu es allé loin et puis d'un seul coup tu ne comprends pas pourquoi ton système de protection s'est mis en place et tu deviens froid, honteux. Ensuite, tu reviens à ta position d'ado de 16-17 ans, tu refumes, tu bois de nouveau. Hors de ton cadre familial, tu essaies de créer un réseau social.

H. : J'ai sympathisé avec trois ou quatre personnes. Je suis d'abord tombé sur un binôme, dans ce magasin, avec une femme incroyable, un ange tombé du ciel. Elle avait vingt ans de plus que moi, nous formions un binôme génial. J'ai travaillé deux ans avec elle, elle m'a fait rencontrer son mari, il y avait beaucoup d'affection entre nous. J'ai aussi fait connaissance avec un type de 40 ans, qui gérait les stocks. Il était célibataire, il est devenu un super-copain, un peu comme un grand frère. Il m'a emmené dans les bars, m'a fait rencontrer plein de gens ; je passais la plupart de mon temps avec lui. Il y a eu un patron de restaurant, 38 ans, homosexuel, une belle amitié aussi. J'avais une petite vie sociale.

P. : Pourquoi n'as-tu pas couché avec ta patronne ?

H. : Parce que c'était ma boss, une directrice qui avait l'air dépassée par les responsabilités. je ne la sentais pas à sa place, elle a eu de gros soucis de santé après l'ouverture du magasin, une femme distante et froide, mais très gentille avec moi, avec un peu de gêne. Par contre avec mon binôme, c'était un lien fraternel, j'avais énormément de respect pour cette femme. C'était pour moi une grande sœur, elle avait du fond, une extraordinaire bonté d'âme. Nous bossions bien ensemble, nous avons fait de super–recrutements, nous avions des gens « canons » dans nos équipes, une gestion humaine top, le rayon fonctionnait bien, tous les vendeurs nous aimaient bien.

P. : Tu as eu ce type de relation avec des femmes plus âgées, une relation de respect. Quand il n'y a pas de dimension sexuelle, tu peux avoir des relations chouettes, tu reconnais ces femmes comme des personnes. Dans la chronologie, ce sont deux femmes qui t'ont mis le pied à l'étrier professionnellement. Tu n'as pas de copines de ton âge que tu reconnais de cette manière.

H. : C'est vrai que je n'ai pas beaucoup de copines.

P. : Ces femmes que tu respectes, ce sont de grandes sœurs/mères. Tu as été structuré par ta mère, et du côté hommes, c'est plutôt la bringue. Là, tu retrouves la filiation des mères : celle qui t'a embauché chez Kazio, ton binôme à Angers… Le lien avec des femmes plus âgées te construit. Elles sont l'image de ta mère dans son côté puissant, structuré. Une image maternelle à double visage alliant le côté structurant de l'institutrice et le côté fragile de la femme dépressive.

Chez Kazio, tu as travaillé avec quatre ou cinq femmes ayant une fonction hiérarchique par rapport à toi. Tu as pu être opérationnel, car tout en étant proche d'elles comme avec ta mère, tu n'as été pas été envahissant, tu as gardé tes distances, ce qui t'a permis de te structurer. Avec une femme comme Léa, tu as rencontré la fragilité sans le côté structurant, tu es tombé dans la peur bleue de l'abîme.

Et puis il y a eu Juliette, une femme plus âgée elle aussi.

H. : Oui, je l'ai rencontrée à nouveau à la fin de ma première année à Angers. Elle avait vingt-cinq ans de plus que moi. Je l'ai retrouvé un soir de réveillon chez ma marraine. Sur la route, ma marraine me dit au téléphone qu'elle attendait une invitée surprise, je me demandais bien qui ça pouvait être. Je suis arrivé sur place avec un pote et je la vois… Je ne l'avais pas revue depuis son mariage (j'avais alors dix ans). Elle avait ensuite divorcé et était partie avec un autre homme à Tahiti. Elle venait de rentrer en France depuis un an ou deux, elle était accompagnée d'un petit Tahitien qu'elle avait adopté.

En nous revoyant, nous sommes tombés amoureux. Quand je l'ai vue, je me suis dit : « Elle est magnifique ». Quelques jours après, je prends conscience que, comme ma mère, elle est blonde aux yeux clairs. Ça me fait bizarre de le dire.

Il s'est passé un truc fort et immédiat. J'ai vu dans son regard qu'elle ressentait la même chose. C'était très compliqué, car je touchais un tabou lié à ma tribu. Nous couchons ensemble durant le week-end. J'ai senti qu'il y avait quelque chose de malsain dans cette situation. Cela va de pair avec ma dépendance à la drogue et à l'alcool.

P. : Tu sens le côté malsain parce que tu fais sauter tous les cadres. D'où l'importance de l'accompagnement : à chaque étape, tu aurais pu sombrer. Ici encore, la relation avec cette femme était positive, mais elle aurait pu être dramatique parce que tu transgressais les règles de la tribu qui permettent la protection, d'où le rejet de ses membres : Ça ne se fait pas.

Il y a eu transgression incestueuse. Dans l'accompagnement, nous avons travaillé là–dessus. C'est intéressant de repérer le rôle de l'accompagnement dans ces moments où tu aurais pu déraper de nouveau. Tout aussi aurait pu basculer ; or l'aspect sexuel a été stoppé après 4-5 mois et cette femme a repris sa fonction de grande sœur. Tu étais dans la passion de la transgression et le système de sécurité a fonctionné.

H. : À cause des règles de la tribu. C'est une femme que j'adore, mais je ne pouvais pas appeler ma mère et lui annoncer que j'avais une nouvelle petite amie qui viendrait déjeuner à la maison. Impossible ! Ma mère a dû se douter de cette relation, mais je ne lui ai rien dit.

P. : Il y avait vraiment un interdit tribal. C'est intéressant de voir le rôle du cadre familial dans ta vie affective. Il y avait un interdit, tu l'as transgressé et en même temps il t'était impossible d'aller plus loin.

H. : Je me souviens que je devais prendre le train pour repartir à Angers. Nous nous sommes envoyé des textos jusqu'à la dernière minute, et elle a fini par monter dans le train. Nous avons passé une semaine ensemble à Angers. Je ne voulais pas qu'elle vienne et en même temps je le voulais, c'était dingue ! Je me souviens que nous étions dans l'appartement, j'étais dans le canapé lorsque ma mère m'appelle au téléphone alors qu'elle était en train de préparer le repas tout près de moi…

P. : Ça te fait quoi quand tu te souviens de ça ?

H. : Un petit truc dans le ventre. Aujourd'hui, ça me fait sourire, je suis content d'avoir vécu cette expérience. Toutefois, je ne l'assume pas pleinement…

P. : Comment a-t-elle vécu la séparation ?

H. : Elle était triste, moi aussi, mais dans ma tête je savais bien que ce n'était pas possible. Nous étions tous les deux des rebelles, nous nous sommes fait des films : *Allez, on laisse tout, on retourne à Tahiti !* Mais c'était compliqué, son petit garçon souhaitait m'appeler Papa…

P. : Juliette est une femme puissante et fragile. Puissante parce qu'elle assume sa vie, elle est sûre d'elle, intelligente, brillante, mais en même temps elle est dépendante des hommes. Elle est autonome, capable de prendre sa vie en main, mais elle peut basculer dans une autre polarité et devient une gamine. Avec toi, elle a aussi vécu quelque chose d'incestueux, elle a transgressé un interdit fort.

C'est la deuxième fois que tu vis une passion, différente de celle que tu as connue avec Léa, mais c'est encore quelque chose de tripale. Et à un moment, tu es dans la sidération : ce n'est pas possible et tu ne comprends pas très bien pourquoi. L'obstacle émerge parce que tu ne peux pas le dire à ta mère.

H. : Si j'avais été à l'autre bout du monde, en Australie, la relation aurait peut-être pu continuer, mais aujourd'hui je n'ai pas de regret. Nous nous voyons encore, on s'appelle, on discute, je suis allé passer trois jours chez elle il y a 5 ans nous avons passé un super-moment, nous n'avons pas recouché ensemble, c'est devenu une vraie relation.

P. : Elle a rejoint la position des autres femmes plus âgées, les grandes sœurs, avec leur côté mentor. C'est grâce à elle que tu as ce boulot chez Imobilio aujourd'hui.

H. : Ça marche dans les deux sens. Car à chaque fois,

j'arrive à les convaincre de se faire aider psychologiquement. Nous entrons en relation, nous apprenons à nous connaître et à un moment je les invite à aller te voir.

P. : Il y aussi un autre mode de relation, celui que tu as avec les trois filles de ta marraine.

H. : J'ai grandi avec elles, nous habitions le même lotissement, la même allée, nous prenions le bus ensemble pour aller à l'école. J'ai passé mon enfance et mon adolescence avec elles. Aujourd'hui, nous nous appelons moins, mais nous nous entendons bien. Il y a beaucoup d'amour entre nous, un vrai lien.

P. : C'est assez étonnant cet univers de relations garçons/filles avec des liens très forts. Ils vivent dans le rêve de la relation, ils ont tous un peu de mal à entrer dans la réalité de la vie.

Dans la relation à toutes ces femmes que tu as connues, il y a la transgression et le respect des lois. L'accompagnement a permis de repérer à quel moment tu quittes la réalité. Je te rappelais souvent le principe de réalité : il faut gagner sa vie, l'alcool peut t'esquinter le cerveau…

Après Juliette, tu as continué les plans d'un soir.

H. : Oui, avec une fille que j'ai rencontrée quelques mois après ma séparation d'avec Juliette. J'étais encore à Angers. Nous nous étions dragués par textos pendant un mois, nous avons fini par nous mettre ensemble à Lille. C'était au moment où j'étais entré chez Imobilio. J'étais à

Amiens, elle à Reims. Nous sommes restés ensemble une petite année.

P. : Il s'est produit la même chose qu'avec Léa, la crise d'angoisse en fin de relation.

H. : Elle avait aussi une histoire compliquée. À un moment, je décide de me séparer d'elle parce que je sens que le lien physique, fusionnel, n'existe plus. Nous nous séparons, et quand elle retrouve un copain, je fais la même chose qu'avec Léa. Je reviens vers elle au bout de quelques mois, je recouche avec elle et je revis la même chose : je n'aurais pas dû y retourner.

Je pars en vacances avec des copains pendant dix jours, je me casse les coudes. Je lui dis par téléphone que je vais à l'hôpital, que je ne pourrai pas l'appeler, et elle m'engueule. Alors je lui dis : *J'arrête, ce n'est plus possible.* Je ne l'ai jamais revue et je n'ai pas de regrets, mais, là aussi, j'ai ressenti de la honte.

Cela a mis en lumière un mode de fonctionnement chez moi : ma solitude me fait manipuler l'autre. Je me sens seul. Je l'imagine, elle, en train de faire l'amour avec un autre homme. Et là, mon cerveau disjoncte : il faut absolument que je la retrouve, que je me remette avec elle pour vivre une longue histoire d'amour. Je me fais un film pas possible ! Et quand je recouche avec elle, je m'aperçois qu'il n'y a plus rien.

À la fin de cette relation, je suis encore dans les plans d'un soir, moins fréquents qu'avant, je me calme un peu. Jusqu'au jour où je retrouve Jade, ma première petite amie quand j'avais 13-14 ans. Quand je me suis cassé les coudes, j'étais en vacances dans le Sud–ouest, où elle vivait en couple. Elle avait l'air heureuse, j'étais ravi de la revoir. Nous avons passé dix jours ensemble avec des copains. Je m'entendais bien avec son petit ami.

Six mois plus tard, elle m'a envoyé un message me disant que son couple ne marchait plus et nous nous sommes retrouvés. C'est à ce moment que je me suis convaincu que ce n'était pas de l'ordre de la magie. Pour que ça fonctionne avec une femme, il fallait travailler sur soi tous les deux. Aujourd'hui, avec Jade, je vis quelque chose de tout à fait différent de ce que j'ai connu auparavant. Je reste vigilant pour que ça continue, sinon je risquerais de repartir dans mon ancien schéma.

Elle a entamé un travail avec toi. Ce que les autres femmes n'avaient pas fait, ou seulement une fois la relation terminée.

P. : On peut émettre l'hypothèse selon laquelle cet amour de lycée, cette passion, était resté un lien fort.

Vous êtes maintenant dans la construction d'une relation amoureuse sans savoir où ça vous mène, mais ce n'est pas la passion. Tu retrouves ton âme-sœur dans une relation qui, pour la première fois, n'est plus passionnelle. Vous êtes dans l'altérité. Vous vous reconnaissez comme deux êtres différents.

Chapitre 3
La question du père

Au début de l'accompagnement, j'avais choisi le monde du travail comme porte d'entrée avec Hugo, tout en sentant en lui une révolte vis-à-vis de l'autorité, surtout celle de l'école puisqu'il s'entendait bien avec ses patrons. Quelque chose se jouait chez lui sur ce terrain du rapport à l'autorité. J'ai donc opté pour une deuxième porte d'entrée : la relation avec le père. J'avais été frappé par la dérive que représentait pour son père cette vie de bistrot.

Sur le plan théorique, on peut dire qu'apparaissait clairement sa blessure narcissique secondaire, celle qui vient du père. Et avec elle, l'ambivalence des ressentis : son modèle était complètement dégradé et cependant il admirait l'artiste, le guitariste adulé sur scène. On allait pouvoir s'appuyer sur cet ancrage positif – l'admiration. Nous avons analysé ensemble les aspects positifs et négatifs de l'image du père, la relation père-fils. Un an après notre première rencontre à l'I.A.E., Hugo a eu la force de dire stop. Il n'irait plus dans ce bistrot, ne se prêterait plus à ces rituels qui avaient lieu dans un endroit pourtant familier et plein de vie.

Ce courage de prendre l'initiative d'une confrontation avec son père, je pense qu'il l'a trouvé dans sa peur que ça se termine mal. Il avait honte de la déchéance de son père, peur de sa violence physique. Si son père l'avait frappé, la rupture aurait été irréversible. Il y a sans doute eu chez lui aussi le réflexe de survie. Aujourd'hui, il n'est même plus question pour lui de passer des week-ends avec les copains à vider whisky sur whisky. Ce genre de scénario ne se reproduira plus.

Cette confrontation avec son père, nous l'avions soigneusement préparée ensemble. Parce qu'il a réussi, à vingt ans, ce qui lui paraissait impossible ; l'émotion émerge par surprise quand il s'en souvient. C'est ce qui se passe souvent quand on a longtemps contenu une émotion impossible à exprimer sur le moment.

***

P. : Quand tu penses à ton père, quels souvenirs te viennent ? Qui est-il ?

H. : J'ai peu de souvenirs de lui jeune, de ma vie avec lui dans la famille, avant qu'il se sépare de ma mère, quand j'avais quatorze ans. À cette époque, je ne le voyais pas beaucoup. J'ai plus de souvenirs de lui au moment de la séparation de mes parents, quand j'ai été témoin de cette « descente aux enfers » – qu'il avait probablement amorcée avant. J'ai peu de souvenirs sans doute parce qu'il était peu présent.

Mon père est musicien, il a eu sa première guitare à cinq ans dont j'ai retrouvé une photo ; ensuite il n'a plus jamais arrêté. Il a toujours été passionné par la musique, le rock, le blues. À quinze ans, il donnait des concerts dans les garages de ses potes, dans les écoles. Il a vite monté un petit groupe et a ensuite réussi à en vivre. Jusqu'à l'âge de 32-35 ans, il a consacré sa vie professionnelle à la musique. Il y a peu de temps, j'ai retrouvé une vidéo dans laquelle il jouait avec son groupe, à Boston, devant trois mille étudiants. Il avait mon âge actuel ! À l'époque, son groupe nordiste était aussi connu que *Téléphone* ou *Trust*. C'était un artiste très exigeant.

Et puis il a dû faire des choix. Il a rencontré ma mère quand il avait dix-huit ans et elle seize ans. Ils ont ensuite décidé d'avoir des enfants, d'acheter une maison à Bondues. Et il n'a pas tardé à se sentir mal dans cette vie-là. Il s'est trouvé obligé de prendre un boulot de commercial pour assurer les fins de mois. Durant sa vie d'artiste, j'avais l'impression qu'il gagnait pas mal d'argent ; or il n'y avait pas un rond à la maison jusqu'au moment où cela a généré un stress important. Il a dû se résoudre, par la force des choses, à enfiler un costume pour vendre des jeux de société, il a aussi été commercial chez Panasonic pendant des années…

Je pense qu'il a arrêté la musique pour faire vivre sa famille, mais aussi parce qu'il y a eu des ruptures dans ses relations, voilà pourquoi il s'est retrouvé seul. Il n'arrivait pas à garder ses musiciens très longtemps, car il s'engueulait avec eux. Je pense qu'il y a eu une embrouille entre eux. Et cela a fini par exploser. D'après ce que j'en sais, mon père a dû dire à son bassiste de l'époque : *Maintenant qu'on a un groupe qui tourne, on va faire de la musique et ne faire que ça, c'est notre vie, on va s'impliquer à fond.* Mais son meilleur bassiste avait d'autres projets, d'autres aspirations. Mon père a dû vivre ce refus comme une véritable trahison. C'était peu de temps après sa tournée aux USA ; je pense qu'à ce moment-là ses rêves ont dû s'écrouler.

P. : Est-ce que tu as assisté à ses spectacles quand tu étais enfant ?

H. : Je ne m'en souviens pas très bien, mais j'adorais. Le point positif, c'est la carrière autodidacte de mon père qui n'a jamais suivi un seul cours de guitare. C'était inspirant pour mes frères et moi, ce côté show-man, sa présence sur scène. Nous aimions bien, nous aussi, être sous les feux des projecteurs, c'est l'aspect sympa de la réussite. À notre manière, nous pouvions vivre de temps en temps ce qu'il a vécu devant 3000 personnes, le fait d'être artiste ou fils d'artiste.

Et puis il y a le côté plus *bad* : la descente de scène de l'artiste qui connaît alors une espèce de vide, une sorte de vacance difficile à gérer que nous avons vécue très fortement puisqu'il était notre père. Quand il ne donnait pas de concerts, il déprimait. Sa manière de gérer le vide passait par la fête, l'alcool, les femmes…

Aujourd'hui, je peux dire ma fierté d'avoir un père qui a réussi sur le plan artistique. J'ai des vidéos, des CD, il y a encore des gens qui sont fans de sa musique. Je commence à peine à être à l'aise avec ça. De la sixième à la terminale, quand on me demandait la profession de mon père, je disais « commercial ». J'avais peur qu'on me pose des questions. Quand j'avais cet âge, mon père n'était pas dans une période avantageuse pour lui. Il se noyait un peu dans l'alcool, il était sans boulot, il bricolait, c'était un père un peu paumé. De quoi déstabiliser l'ado que j'étais, qui avait besoin de lui.

Je me retrouvais face à un adulte qui ne pouvait rien faire pour moi sur le plan professionnel, financier ou même sentimental. Je me souviens lui avoir demandé 200 euros pour acheter une mobylette, il m'a répondu qu'il ne les avait pas. À 14-15 ans, je lui avais parlé d'une rupture amoureuse, je lui disais ma tristesse. Et lui il m'avait rétorqué qu'avec un physique comme le mien je n'aurais aucune peine à retrouver une fille et que je n'avais pas à m'inquiéter. C'était bien la dernière chose que j'avais envie d'entendre à ce moment-là. Quant à me donner des conseils dans le boulot, il n'avait pas assez d'expérience dans le monde professionnel pour le faire.

À cette époque, je me disais : « Tout fout le camp », je n'ai pas de repères masculins pour me poser un cadre. C'est à ce moment que nous nous rencontrons toi et moi. Et je comprends : *Il manque quelqu'un.*

P. : Tu te souviens de ce que tu as fait avec ton père quand tu as commencé à travailler avec moi ?

H. : Je me rappelle très bien, c'est une des choses dont je suis le plus fier dans ma vie… Je suis ému *(il pleure).*

P. : Qu'est-ce qui t'émeut ?

H. : Je ne sais pas. *(P. lui tend un mouchoir, il s'essuie les yeux, se mouche.)* En fait, quand je démarre ce travail avec toi, je prends conscience du chaos dans ma vie, de ma difficulté à être en relation avec mon père. Je commence à m'intéresser à sa vie, à ce qu'il a traversé, ce qui l'a amené dans la situation où il est. Et à un moment, je me rends compte qu'il faut que je modifie mon mode de relation avec lui si je veux avancer dans la vie.

Il fallait que je nettoie cette relation. Aussi j'ai travaillé avec toi sur le bon comportement à adopter, comment poser certaines limites, comment ne plus aller avec lui au bistrot, essayer de trouver des environnements différents, créer de nouvelles règles… Comment se faire respecter par son père ?

P. : Quand tu étais avec lui au bistrot, que se passait-il ?

H. : Nous buvions, nous parlions comme deux potes, et une fois sur deux ça partait en engueulades, voire en pugilat. Je me souviens qu'il m'a appelé la veille de mon bac blanc quand j'étais en première, pour boire un coup. J'accepte, mais je le préviens que je resterai à l'eau à cause de l'épreuve du lendemain. Il me dit de ne pas m'inquiéter, nous ne boirons que du Perrier. En réalité, nous avons bu un Perrier et dix bières chacun. À deux heures du matin, j'enfourche mon scooter pour rentrer chez moi, j'étais rond, démonté. Et le lendemain, je m'endors sur ma copie… Il ne se rendait pas compte, lui qui n'avait pas son bac et qui n'avait pas fait d'études. Je pense même qu'il ne savait pas dans quelle classe j'étais. Il n'avait aucune idée des études que je faisais.

P. : Je me souviens que tu allais le retrouver dans un

bistrot du coin. Tu me disais : *On a encore bu, il m'a encore engueulé, insulté.* La relation entre vous était dégradée. Dans le travail, tu avais réussi à trouver des aspects positifs et dans le même temps ton père te conduisait dans la déchéance.

H. : Une fois ou deux, ça a failli déraper. J'ai su récemment que l'un de mes frères avait vécu la même chose. On confronte, on confronte, et après il n'y a plus de discussion possible, ça tape du poing sur la table et on en vient presque aux mains. Cela aurait pu arriver.

C'est à cette période, suite à nos entretiens, que je n'ai plus vu mon père pendant six à huit mois ; j'avais dit stop. Un jour, il m'avait appelé, l'air de rien : *Tu ne m'appelles plus ? Ça ne va pas ?* Il me liait toujours à ma mère. À chaque fois que nous nous voyons, il prenait des nouvelles de ma mère et je lui donnais une approche un peu psy de la situation. Il me disait : *Tu es un petit sensible, tu es comme ta mère.* Et aujourd'hui, parce qu'il constate que ça va bien pour moi, il me dit : *Tu vois, ton côté sensible, ton côté psy, c'est cela qui fait la différence avec tes clients, c'est bien.*

P. : Il ne connaissait pas ton boulot, il ne te soutenait pas dans ton métier.

H. : Non, pas plus que ça. Ça ne l'intéressait pas, il ne savait pas ce que je faisais, où j'étais. Plus tard, quand j'ai eu des responsabilités chez Kazio, il est venu me voir à Angers, il a commencé à suivre un peu plus mon parcours.

P. : Quand ton père est parti de la maison, il y a eu une vraie rupture. Le père a été éjecté du système.

H. : Quand j'avais quatorze ans, après son départ, je n'ai plus beaucoup vu mon père pendant deux ans. Il était d'abord parti chez sa mère. Je le voyais un peu quand j'allais manger chez ma grand-mère, tous les quinze jours. Ça a duré six mois, il est ensuite parti vivre avec sa nouvelle compagne. En parallèle, il avait trouvé un petit appartement miteux à Marquette. Et comme nous, les garçons, nous ne voulions aller ni chez sa compagne – ma mère était très en colère contre cette femme, elle n'aurait pas supporté qu'on y aille – ni dans son appartement de Marquette, la seule option c'était le bistrot. À une période, il y allait quasiment quatre à cinq fois par semaine. Quand j'ai eu 16-17 ans, je le rejoignais une fois par semaine au bistrot, soit seul avec lui, soit avec un de mes frères. Ce bistrot était le repère des patrons de boîte, des cadres qui sortaient du bureau et qui buvaient quelques chopes avant de rentrer chez eux.

Il me demandait : Ça va ta mère ? Je répondais : *Il y a des hauts et des bas.* Ensuite, il enchaînait avec ses problèmes de fric. Lui et ma mère m'ont mis dans des histoires d'argent. J'étais le dernier enfant à vivre à la maison, il devait reverser à ma mère 200 ou 300 euros, mais il avait du mal à les payer. Ma mère me faisait comprendre discrètement que mon père n'avait pas versé sa pension. Moi, j'avais 600 euros par mois, mais dès le 15, j'étais à découvert de mille euros… Parfois, mon père me demandait de payer nos consommations au bistrot.

Je faisais le messager auprès de mes parents. Ma mère

était triste, en colère, et je disais à mon père qu'elle allait bien, ce qui lui permettait de ne pas culpabiliser.

P. : Il a culpabilisé ?

H. : Oui, et encore maintenant, mais moins. À ma mère, je disais que mon père était déprimé, alcoolique, pas heureux. Je forçais le trait pour qu'elle s'en détache : *Il fait mal au cœur, ce n'est plus un homme pour toi.*

Ma mère était déprimée et mon père aussi. Ils étaient en échec dans leur relation de couple. Le schéma de la vieille bourgeoisie du Nord – la maison, les trois enfants, le 4X4, la balançoire, le chien – s'était effondré pour mes parents. Ce n'était pas le cas pour moi qui suivait les cours dans le lycée bourgeois de Bondues, la Croix Blanche un véritable « Club Med ». Et puis tout a explosé en vol d'un coup. Ma mère nous avait préservés des histoires entre eux, des engueulades, des débordements. Elle nous a protégés jusqu'au moment où ce n'était plus possible. Et là, le voile tombe et je découvre l'ampleur des dégâts. Si ma mère ne nous avait pas protégés, j'aurais pu m'en rendre compte avant, mais quand mon père est parti, j'ai vu ma mère en pleurs, c'était la catastrophe.

Sur le moment, ça m'a fait peur. Ensuite, je me suis senti un peu seul, mon grand frère est parti six mois après mon père, en colocation avec des potes. Mon frère du milieu ne parlait pas. Je me suis senti seul face au désastre.

P. : Et alors, qu'as-tu fait ?

H. : J'ai essayé d'aider les gens.

P. : Pourquoi tu n'es pas parti comme ton frère aîné ?

H. : J'étais jeune, je n'étais pas indépendant.

P. : Pourquoi tu n'es pas resté silencieux comme ton autre frère ?

H. : Il y avait la tristesse de ma mère, je ne pouvais pas ne pas la consoler, passer à côté ou partir. J'étais à l'âge où je ne pouvais pas encore sortir avec mes potes les soirs de semaine, j'étais bloqué à la maison. Face à la tristesse de ma mère, j'ai décidé de la prendre en charge, dans un mouvement inconscient, intuitif. Aujourd'hui, je dis ouvertement que j'ai fait le psy avec elle entre 15 et 20 ans. Je l'ai écouté parler et pleurer, je l'ai prise dans mes bras sans comprendre ce qui se passait. J'ai fait l'éponge, dans tous les sens du terme. Quand j'étais plein, j'allais me vider.

P. : On pourrait dire que tu n'avais plus aucun cadre ou seulement un cadre de survie : une mère qui pleure, un père qui boit, la bringue, et des études que tu rates. Tout devient flou.

La seule chose que tu n'as pas connue, c'est la violence des parents que subissent les enfants dans les milieux populaires, ces enfants battus qui sont obligés de se prostituer pour vivre. (Je pense par exemple à Corinne Masiero, l'actrice du film « Les Invisibles »). Dans ton milieu, il y a des règles qui demeurent, il n'y a pas de gestes de violence physique, c'est une violence psychique.

La violence physique aurait pu entrainer une obligation de rupture, pour la survie. Toi tu n'es pas parti, tu n'as pas quitté ta mère, tu n'as pas cassé la gueule de ton père.

H. : Une fois, je suis parti trois ou quatre jours chez mon pote parce que c'était trop. Ce copain avait compris le chaos dans ma famille après le départ de mon père. Il m'a emmené en vacances tous les étés. Son père me payait tout, il m'avait pris sous son aile comme l'un de ses fils.

P. : Tu vis une forme de résilience. Te souviens-tu comment nous avons travaillé ensemble sur ta relation avec ton père ?

H. : Au cours du travail avec toi, je me suis rendu compte que pour changer la donne, il allait falloir que je me positionne dans la relation avec mon père, que je sois ferme. Ensemble, nous avons essayé de trouver la bonne manière de faire. Et un jour, j'ai puisé suffisamment de courage en moi pour pouvoir me dire : *Là, j'y vais.* J'avais écrit ce que j'avais à lui dire sur trois ou quatre pages, je te les avais fait lire pour être sûr de la formulation et pour éviter que la discussion avec mon père ne dégénère.

Avant d'aller à la confrontation, j'avais appelé mes frères. J'avais vingt ans, je me souviens qu'à l'époque, je disais : *Je vais me faire mon père.* J'ai aussi prévenu ma mère qui m'a encouragé, elle avait l'intelligence de ne pas prendre parti. J'étais dans le mal-être à l'idée d'y aller, j'avais peur, je suis allé chercher de la motivation auprès de mes frères : *J'ai besoin de vous, il va venir chez moi, je vais lui dire tout ce que j'ai sur le cœur, je veux vous voir avant pour que vous me souteniez.* Une heure après, mes deux frères étaient là – alors que nous ne nous voyons pas souvent – et le lendemain, nous partageons notre premier resto à trois. Nous parlons ensemble de mon projet, et ils me suggèrent de lui dire ci et ça… Leur soutien m'a donné de la force.

Le jour J, mon père arrive chez moi. Dans l'heure qui précédait, j'avais fumé au moins une quinzaine de cigarettes tellement je stressais. Au téléphone, je lui avais proposé de venir manger à la maison, une petite bouffe à deux, tranquille. Cela le changerait un peu du bistrot. J'ai senti la surprise dans sa voix : *Pourquoi pas au bistrot, c'est sympa, il y a mes potes.* Et moi : *Je veux te parler.* Il arrive à jeun, une bonne bouteille de vin rouge sous le bras – il devait se douter que c'était l'occasion – mais aussi avec une bouteille de champagne qu'il voulait que nous la débouchions aussitôt. Je lui dis : *Non, on la met au frais et on va parler.*

Je l'ai installé dans le canapé en face de moi, mes feuilles de papier glissées sous la table basse pour pouvoir suivre le fil de ce que j'avais à lui dire. Précaution utile, car je savais que nous étions tous les deux émotifs et que si nous partions sur un terrain dangereux, le ton pouvait monter… Pendant une heure et demie, je lui ai dit tout ce que j'avais prévu de lui dire.

D'abord, je ne connaissais pas suffisamment sa vie d'avant, sa jeunesse, ce qu'il avait vécu avec son père ; je lui ai demandé s'il avait des regrets. Je lui ai dit ma colère qu'il soit parti si brutalement quand j'avais quatorze ans, qu'il ne m'avait jamais expliqué ce qui s'était passé ; il était parti du jour au lendemain chez sa mère puis sa nouvelle compagne et j'étais resté dans le silence. J'ai exprimé ma blessure d'abandon.

Je lui ai aussi dit mon admiration pour lui quand je le voyais sur scène. Je lui ai même fait visionner un extrait de l'un de ses concerts, ce moment qui me fait toujours frissonner. Encore aujourd'hui, j'en ai la chair de poule.

Je lui ai exposé mes nouvelles règles dans la relation avec lui : le bistrot, l'alcool, les engueulades, ce n'était pas la vie que je voulais vivre avec lui. Nous sommes tous les deux passés par toutes les émotions : colère, larmes, rires et amour. À un moment, il s'est levé pour partir, c'en était trop pour lui, il n'était pas d'accord avec ce que je lui disais. Puis je l'ai convaincu de rester. Je lui ai demandé de m'écouter sans m'interrompre et dit que nous pourrions discuter après.

Il y a donc eu de la colère, mais nous avons aussi explosé de rire tous les deux, puis nous avons pleuré. Nous avons fini par tomber dans les bras l'un de l'autre, nous nous sommes dit l'amour que nous avions l'un pour l'autre. Ce jour-là, il m'a ouvert son cœur, sur ce qu'il avait vécu avec son père quand il était enfant, son manque de reconnaissance, sa peur du regard de son père, les difficultés qu'il avait traversées dans sa vie. Ensuite, nous avons mangé, bu un coup, c'était top.

Ce moment fort a tout modifié. À partir de là, nous avons pu entretenir une relation de grande qualité. Je l'ai accepté dans ce qu'il est vraiment, avec ses fragilités, ses côtés sympas et ses côtés plus *bad trip*. J'arrive à le reconnaître dans l'excellence de ce qu'il fait, la guitare. Certes, il a toujours son mal-être profond, ses zones d'ombre dont il ne s'est jamais occupé, mais il continue de vivre avec. Je sais que si je m'approche trop de ce mal-être, je risque de rebasculer avec lui, mais j'ai réussi à trouver suffisamment de distance pour que la relation ne devienne plus jamais toxique. Je vais maintenant très rarement au bistrot avec lui.

P. : Et lui, a-t-il changé ?

H. : Il sait que je ne suis plus client. Il me relance parfois, mais au bistrot, je bois deux chopes et je m'en vais. Quand je vais le voir en Bretagne, je ne reste que trois ou quatre jours, pas plus.

P. : C'est important de comprendre que dans ton cheminement, cette relation était destructrice, elle a activé ta blessure narcissique secondaire. Pour l'ado, le père est le modèle, et toi tu avais une absence de modèle. Et tu as pourtant réussi à dissocier ce que tu admirais et ce que tu refusais chez lui, et à le remettre à sa place. Aujourd'hui, tu le mettrais à quelle place ?

H. : C'est peut-être un peu primaire, mais sa place est celle du type qui m'a permis d'être au monde. On quitte le père et la mère, et en même temps on leur doit la vie. C'est le sens du « Tu honoreras tes parents ».

Quand il m'arrive de revenir avec lui dans la détestation, rapidement je me rappelle qu'il m'a donné la vie. C'est ce sursaut qui m'a permis de ne pas couper net avec lui, de garder le lien.

P. : L'avantage que tu as, par rapport à d'autres, c'est

ton admiration pour ton père. Je me souviens quand tu m'as donné à écouter son disque. Tu communies avec lui, quand tu le vois sur scène. Il y a quelque chose de très fort dans ton lien avec lui, qui remonte à ton enfance.

H. : Oui, je connais par cœur les paroles de ce morceau, j'en suis toujours ému. Aujourd'hui, il a toujours un jeu de guitare magnifique, mais sa voix n'est plus ce qu'elle était. Je n'aime plus l'entendre en live sur scène ; c'est marrant, il y a toujours 200 types qui le soutiennent. Lors de ses deux derniers concerts à Lille, il y a eu entre 300 et 500 personnes.

P. : Pourquoi tu ne t'es pas mis à la guitare ?

H. : Quand mon père était encore à la maison, j'avais 12-13 ans, je lui ai demandé de m'apprendre à jouer de la guitare. La première fois, il a protesté qu'il n'avait pas le temps, on ferait ça dimanche. Le dimanche, j'ai bien vu que ça ne l'enchantait pas, il devait penser que c'était encore un caprice de ma part. Il m'a demandé de prendre une feuille de papier et un stylo, il m'a dessiné une portée, des accords et m'a dit : *Tu apprends ça pour la semaine prochaine et on commence.* J'ai trouvé ça un peu scolaire, mais la semaine suivante, il a pris sa guitare et m'a montré deux ou trois trucs. Il avait l'air un peu excédé, je voyais bien qu'il n'était pas ravi de donner un cours à son fils. Cela ne m'a pas donné envie d'apprendre, d'autant qu'il me disait : *C'est dur, la guitare, hein ?* J'ai laissé tomber.

Quand j'en ai parlé avec mon frère aîné, il m'a dit qu'il a eu le même ressenti quelques années avant. Thomas, lui, a accroché un peu plus tard. Il a pris des cours de guitare quand mon père était encore dans la région, c'était une manière pour lui de garder le lien. Le fait d'aller le voir pour jouer de la guitare avec lui, lui a évité quelques fois le bistrot.

P. : Qu'est-ce que ça te fait d'avoir redéfini la relation ? Qu'est-ce que ça a changé dans ta façon d'être ?

H. : Je vis moins dans l'excès, au contraire de mon père. Il a toujours été sportif. J'ai pris de lui ce côté sportif, j'essaie de bien vieillir comme lui. A 64 ans, c'est encore quelqu'un de très puissant physiquement, d'imposant. Ça m'inspire.

P. : Depuis que tu as modifié ta relation avec ton père, ta relation avec les hommes a-t-elle changé ?

H. : J'ai moins d'attentes vis-à-vis d'eux, ce qui me permet d'avoir une bonne relation avec les patrons dont j'obtiens la confiance assez rapidement. Le fait de m'être positionné face à mon père me rend à l'aise face à n'importe quel adulte masculin, quel que soit son âge. Je suis capable d'entrer en relation avec eux de manière authentique, même s'il m'arrive de jouer un rôle de temps en temps, par souci de plaire.

P. : Grâce à ce que tu as entrepris avec ton père, tu as mis de l'ordre dans ta tête, de l'ordre dans le modèle. À partir du moment où tu as confronté ton père, il s'est passé quelque chose de magique entre vous.

Il aurait pu très mal réagir ; or tu as réussi à le confronter sans que tout vole en éclats. Au contraire, cette rencontre a renforcé vos liens. Et cela t'émeut encore.

H. : Oui, c'est dingue ce que ça a provoqué. Au moment de la confrontation avec mon père, j'avais quand même un peu prêché pour mes frères, je lui avais dit qu'eux aussi étaient « en manque ». Et j'ai capté, dans l'instant, qu'il manquait terriblement de confiance en lui. Le seul fait d'organiser un repas en présence de ses trois fils lui paraissait un défi insurmontable. Alors qu'il était séparé de ma mère depuis cinq ans, jamais il ne l'avait fait. Il avait une image abîmée de lui-même, il pensait que nous étions tous les trois en colère contre lui. En fait, j'étais en attente, mes frères aussi, et lui aussi. Tout le monde attendait et il ne s'était jamais rien passé.

Un jour, je lui dis : *Tu veux voir comme c'est simple d'organiser une rencontre avec tes fils ? Tu as envie de partager ce genre de moments ensemble ?* Il me répond qu'il en crève d'envie, alors je saisis mon téléphone et j'envoie un message à mes frères : *Vous êtes dispos pour un repas avec lui ?* Et dans la minute, je reçois une réponse positive de mes deux frères. La semaine suivante, nous avons passé un super moment à quatre avec mon père autour d'un petit couscous sympa. Et le soir-même, nous avons prévu de passer cinq jours entre mecs en Bretagne. Ces cinq jours ont été exceptionnels : nous avons péché, picolé un peu, joué de la guitare, fait du bateau…

Au moment de la confrontation, mon père aurait pu m'envoyer balader, mais j'avais travaillé longtemps le sujet avec toi. Et j'ai bien vu qu'il s'était rendu compte qu'il avait en face de lui l'un de ses fils en détresse qui lui demandait plus d'amour. C'est de cette manière que j'ai orienté la démarche: l'objectif était de créer un lien qui soit juste et de qualité entre un père et un fils. Voilà pourquoi nous avons conclu en se disant l'amour que nous avions l'un pour l'autre. J'ai été touché et j'ai vu ce qui aurait pu se passer entre lui et son père il y a quarante ans...

P. : C'est la différence entre la confrontation où je choisis ce que je garde de mon père et ce que je ne garde pas et l'affrontement où j'exprime ce que je ressens et ensuite je l'engueule. J'ai souvent pu vérifier que, quand il y a un point d'ancrage – d'amour et d'admiration – avec le père ou la mère, le travail est plus facile. Quand tu n'as rien à admirer, c'est très difficile...

Parmi les jeunes que je rencontre, deux ou trois acceptent de venir me voir; ils ont des pères aussi perturbés que le tien, mais ils ont aussi une puissance de vie, ils admirent leur père. Le rôle du père est déterminant dans la blessure narcissique secondaire. Il peut être socialement dégradé, mais en même temps il a réalisé quelque chose d'extraordinaire. Voilà pourquoi il est possible de travailler sur son père si on a l'opportunité de s'accrocher à quelque chose de positif. Il faut qu'à un moment dans ta vie tu aies quelqu'un pour qui tu aies de l'admiration, sinon tu tombes dans le nihilisme.

Il est d'ailleurs intéressant d'observer que toutes les femmes que tu as fréquentées avaient une mauvaise relation avec leur père ou alors un père inexistant. C'étaient des pères qui étaient dans la course à l'argent et dans des dépendances alcooliques ou autres. Le tien, par chance, était et est toujours un artiste… Par ton père, tu as connu la lumière du spectacle qui aurait pu t'entraîner négativement à vouloir toujours être dans la lumière. Toi le leader, le sportif, tu aimes bien être dans la lumière et en même temps, tu assistes à la déchéance qui peut accompagner cette vie artificielle.

Qu'est-ce qui t'a si fort ému tout à l'heure ?

H. : D'un seul coup, je me suis dit qu'il s'était passé beaucoup de choses au moment de la confrontation avec mon père, avant et après. Ce n'étaient pas des larmes de tristesse, plutôt de soulagement. Pouvoir le dire officiellement me soulage. Il est vrai que j'y pense souvent, c'est une démarche dont je suis fier.

Chapitre 4
La bonne distance avec la mère

Quand nous avons travaillé sur la relation avec sa mère, j'ai encore une fois été frappé par la force de vie de Hugo. Il a pu soigner sa blessure narcissique secondaire dans la confrontation avec son père. Avec sa mère, il a dû s'occuper de sa blessure narcissique primaire qu'est l'abandon de la mère. D'où l'eczéma quand il était enfant, puis les crises d'angoisse au lycée. Il ne savait plus où il en était : le modèle paternel s'effondre, le modèle maternel aussi. Le travail sur la relation au père était plus net parce que le symptôme de l'alcool et autres dépendances était plus visible à l'extérieur. Avec sa mère, on touchait au cœur de la relation. Hugo et sa mère se tenaient l'un l'autre dans leur angoisse, ils s'entraidaient mutuellement. Fort heureusement, elle a su l'aider au moment où il aurait pu basculer.

Il a fallu trois ans pour qu'il parvienne au bout de la démarche « d'infidélité » à ses parents. Il ressent un fort sentiment d'abandon quand sa mère lui dit que son ex-petite amie n'était « pas faite pour lui » ; il a senti que ce n'était pas juste. Il attendait de la compassion ; or les mères souvent savent mieux que leurs enfants ce qui est bien pour eux. Ensuite le secret de famille a été levé. Au moment où il s'est rendu compte qu'il était embarqué dans une histoire qui n'était pas la sienne, il s'est senti otage de sa mère. Alors il a pu prendre de la distance. Grâce au travail réalisé ensemble – la triangulation entre lui, sa mère et moi –, il a pu se détacher. Même s'il se sent encore fragile, pris dans des loyautés familiales, confronté à la violence des « règles du clan ».

***

H. : De 14 à 19 ans, j'étais inconsciemment, dans une position de présence très forte avec ma mère pour l'aider, la soutenir, sans comprendre grand-chose, mais en vivant sa détresse. Jusqu'au moment où mon « contenant » à moi s'est rempli. J'avais ingurgité toute sa détresse, puis est arrivé un moment où je devais m'occuper de moi. C'est à cette époque que nous nous sommes rencontrés, toi et moi. Nous avons alors commencé à défricher, à regarder où j'en étais dans cette relation avec ma mère. Je me suis rendu compte du boulot qu'il y avait à faire pour trouver la bonne distance avec elle.

Depuis un an ou deux, je commence à ressentir les résultats de ce que j'ai initié il y a dix ans, à la suite de cette prise de conscience qu'il fallait que je m'occupe de moi. J'ai remis les personnes aux bons endroits. Avec mon père, j'ai pu le faire assez rapidement, mes frères aussi, petit à petit. Avec ma mère…

P. : Comment tu définirais ta relation avec elle, depuis ta naissance ?

H. : Fusionnelle. Je pense qu'elle m'a donné beaucoup d'amour.

P. : Comment vois-tu cette période entre zéro et quatre ans ?

H. : J'ai fait beaucoup d'eczéma quand j'étais petit, pendant un an. Je devais avoir peur, c'était le « début de la fin » pour mon père. En plus dans mon souvenir, je n'étais pas désiré.

P. : Petit face au danger extérieur, le corps se protège par l'eczéma.

H. : Pour mes deux frères aînés, ma mère avait dû subir un traitement hormonal. Ensuite, elle a voulu absolument un troisième enfant, une fille de préférence alors que cela allait bien à mon père d'avoir deux enfants. Il se disait : *Etant donné ce qu'elle a galéré pour les deux premiers, je suis tranquille pour un bout de temps.* En fait, il ne s'attendait pas au troisième. C'est de plus à cette époque que mon père enfile le costume pour nourrir la famille. Je dois en ressentir les effets…
Je ne suis pas étonné d'avoir en moi une vraie part féminine. Du coup, je sens que ma mère m'a vraiment voulu, pas mon père. Aujourd'hui, c'est clair.

P. : Tu n'étais pas prévu. Tu as forcé le destin. Ceux qui, comme toi, « forcent le destin », deviennent des gens très actifs. On peut dire que tu t'es imposé, un garçon, contre le désir du père. Combien d'années séparent les trois frères ?

H. : Nous avons chacun quatre ans de différence.

P. : Tu es arrivé dans les temps, quatre ans entre chaque enfant, même si on n'espérait pas que tu arrives.

H. : Enfant, dans ma relation avec ma mère, j'ai le souvenir d'avoir été un peu le chouchou, même si elle ne le dit pas, le petit dernier. Je n'ai pas ressenti l'amour de mon père. En revanche, j'ai bien ressenti l'amour de ma mère. Même si je n'ai pas de souvenirs précis, je le sens.

P. : Comment se comportait ta mère avec ses trois garçons ?

H. : Avec Quentin, jusqu'à ses dix-huit ans, elle faisait le flic, elle le dit elle-même. Avec Thomas, elle ne savait pas trop comment faire. Moi, je suis né en 1989. Deux ans avant, mon père avait quitté sa carrière de musicien professionnel, ils venaient d'acheter la maison de Bondues, il fallait rembourser les mensualités de l'emprunt. Ma mère était angoissée à l'idée de ne pas pouvoir payer. Je suis né dans ce climat d'angoisse. J'étais angoissé comme elle. Entre quatre et huit ans, je pleurais régulièrement, le matin avant d'aller à l'école. Pourtant j'étais dans l'école où enseignait ma mère. Quand j'allais à l'anniversaire d'un copain, au tennis, je pleurais tout le temps.

D'après ma mère, je pleurais parce que j'avais peur de

la quitter. Les souvenirs me reviennent : je me vois en train de pleurer dans la voiture pour ne pas aller au tennis. J'avais peur d'aller aux anniversaires, il y avait dix gamins dans le jardin… J'avais peur d'un truc, je ne sais pas quoi. C'était fort, je n'avais pas envie. Je l'ai déjà dit, même quand j'allais dormir chez les filles de ma marraine, à cinq cents mètres de la maison, je pleurais, je voulais rentrer chez moi, je voulais ma maman, c'est dingue…

P. : Elle était institutrice, donc elle te cadrait beaucoup.

H. : Oui, jusqu'au bac, elle était stricte. Elle était attentive à nos devoirs, le soir. Elle nous expliquait les règles de grammaire, ça nous ennuyait. Je me souviens que je faisais du skate devant la maison. Je ne comprenais pas pourquoi je n'avais qu'une heure pour faire du skate. Je devais ensuite rentrer faire mes devoirs, prendre ma douche. J'avais le droit de regarder un film le soir dans le salon, mais seulement jusqu'à la pub ; après je devais aller me coucher. Je lui disais : *Tu me laisses regarder le film et je dois aller me coucher avant la fin, c'est frustrant…* Après, j'écoutais la radio dans mon lit.

Ma mère m'a raconté que, petit, j'avais peur de l'école. Je relisais mes leçons le soir dans mon lit avant de m'endormir ; j'étais le seul des trois à le faire. J'avais peur d'être interrogé par la maîtresse. Je crois qu'en maternelle et en primaire, j'étais considéré comme un enfant fragile.

Enfant, peut-être étais-je surprotégé par ma mère, j'avais peur. J'étais timide, même avec les filles. Mes potes faisaient des bisous aux filles dans les coins, et moi je stressais comme un malade. J'ai embrassé ma première copine seulement en classe de cinquième. J'avais peur de ça.

P. : Ta mère posait fermement le cadre, et toi tu ne comprenais rien, tu n'adhérais pas.

H. : J'obéissais. Je n'ai pas fait de conneries quand j'étais jeune. Ma mère était stricte, elle savait se faire respecter. Mon frère juste au-dessus de moi obéissait aussi. Mais mon frère aîné a fait pas mal de conneries. Était-il hyperactif ? Ma mère a bien serré les boulons avec lui jusqu'au bac. Peut-être avons-nous été cadrés autant que mon frère aîné, alors que nous n'avions pas la même nature.

P. : Tu avais une mère très « cadrante » et pourtant tu la prenais dans tes bras pour la consoler.

H. : Oui, quand j'ai eu quatorze ou quinze ans, elle continuait à la fois à nous cadrer et à pleurer. C'était compliqué à comprendre mais c'était plus fort que moi d'aller vers elle. Je me souviens qu'elle rentrait de l'école, posait son sac, s'asseyait dans le canapé et commençait à pleurer. Je pouvais passer à côté d'elle, aller me faire griller des tartines et me préparer un bol de céréales pour aller manger dans mon coin, ou alors m'asseoir à côté d'elle pour la consoler. C'est ce que je faisais. Je ne me posais pas la question : elle en avait besoin bien que voulant me préserver, elle ne me disait pas grand-chose. Petit à petit, j'ai commencé à poser des questions. Je sentais qu'il fallait qu'elle parle. Elle a commencé à livrer ses états d'âme.

P. : Qu'est-ce que tu ressentais ?

H. : J'étais dans la posture de celui qui dit : *Je comprends, c'est dur.* J'étais une éponge imbibée au maximum. Une fois imbibé, je me crashais tout seul à l'extérieur, en bagnole. J'ai eu mon permis très vite et ça a dégénéré.

J'ai senti que je pouvais sortir du cadre… Durant cette période où j'ai commencé à l'écouter et à la prendre dans mes bras, j'ai commencé à fumer des pétards, avant même de fumer des clopes. Je me disais : *La cigarette et l'alcool, c'est nul.* Pendant un an ou deux, je n'ai fumé que des pétards.

P. : Quel était le lien entre consoler ta mère et fumer des pétards ? Ça ne te comblait pas de prendre ta mère dans tes bras ?

H. : Je le faisais naturellement, mais ma mère contre mon épaule, c'était lourd. Je sentais que ce n'était pas juste. Je le vivais sans me poser de questions. Elle pleurait parce qu'elle se rendait compte que quelque chose n'allait pas. Elle me tournait le dos, se mouchait, s'essuyait les yeux et passait à autre chose, comme si de rien n'était. Il n'y avait pas d'intimité, elle ne se livrait pas. Il y avait ce moment de détresse, l'émotion arrivait, c'est moi qui venais vers elle et je la prenais dans mes bras. Dans ce contact, il n'y avait pas de chaleur… J'ai l'image de quelqu'un qui s'appuie contre un arbre pour s'abriter de la pluie. J'ai servi d'abri.

C'était pourtant une forme d'amour, mais il n'y avait pas de mots, pas de gestes. A partir de 19-20 ans, j'ai mis des mots sur ce qui s'était passé. De son côté, elle m'a dit tardivement : Ça m'a fait du bien quand… Elle a mis du temps à verbaliser. Il y avait quelque chose de mécanique dans ce rituel entre elle et moi. Ce mouvement de consolation, j'aurais pu l'avoir envers n'importe qui. J'avais le sentiment de consoler une personne en détresse, et ensuite, le soir, je fumais un pétard pour m'évader.

P. : Tu étais dans une certaine sidération, une froideur.

H. : Je le ressens encore aujourd'hui. Elle aime bien réunir ses trois garçons. Nous partons dans des discussions et, très émotive, elle se met à pleurer. Maintenant, ce sont mes frères qui vont vers elle. Moi, je l'accompagne par le regard, la pensée. Si je suis à côté d'elle, je lui tends la main, je lui caresse le dos, mais je ne la prends plus dans mes bras. Même encore aujourd'hui, c'est assez froid. Ses larmes sont froides. Elle se met à pleurer, se sent gênée de pleurer, comme si elle nous disait : *Vous ne pouvez pas comprendre*, et elle passe à autre chose.

P. : Et toi, tu es dans la froideur.

H. : Je n'ai pas beaucoup le souvenir d'avoir pleuré dans les bras de quelqu'un, à part quand il y a eu des décès autour de moi – j'ai perdu deux ou trois personnes. Il m'est arrivé de pleurer avec mon grand frère. Il me tend les bras, je me glisse dedans, je suis bien. Quand je me suis séparé de Léa, j'ai pleuré en rentrant à la maison. J'ai eu des vrais moments de détresse. Avec ma mère, j'aime bien les trois premières minutes et ensuite j'ai besoin de lâcher, nous sommes vite gênés. Mon autre frère, juste au-dessus de moi, reconnaît qu'il y a un esprit de clan très fort entre nous, et à la fois une pudeur de sentiments incroyable !

P. : Tu as connu la difficulté de trouver ta place avec ton père, avec ta mère. L'enfant se sépare de la mère à partir de huit ans. Vient ensuite la puberté et avec elle la suppression d'une certaine intimité et l'identification au père. Or toi, tu te retrouves à la place du père tout en l'admirant, ce n'est pas facile.

C'est intéressant la manière dont tu dis que tu prenais ta mère dans tes bras comme si c'était n'importe qui, sans affect, toutefois le lien demeure avec elle, mais avec une certaine froideur. Tu te demandes si elle t'aime, en fait.

H. : *(il rit)* Oui, c'est une forme d'amour entre ma mère et moi, je ne sais pas laquelle.

P. : Mais tu te demandes si tu n'es pas le sauveur de ta mère, si elle prend en compte ce que tu es, si elle l'accepte.

H. : Jusqu'à mes 25-26 ans, elle me disait : *Toi et moi, on est pareil, ce qui est super avec toi, c'est qu'on a plein de points communs.*

P. : Quand on travaillait sur ta relation avec ta mère, tu me racontais que quand tu rentrais à la maison, tu devais t'occuper du chien, couper les haies...

H. : Oui, quand je revenais de chez Kazio.

P. : Cela a duré longtemps ces retours chez ta mère ?

H. : Je suis revenu par intermittence. Aujourd'hui, mon frère habite chez elle. Il répare, repeint les volets par exemple…

P. : Qu'est-ce que tu ressens pour ta mère ? En quoi t'a-t-elle fait grandir, régresser ?

H. : Je me souviens d'une anecdote. Le jour où je me sépare de Léa, je rentre à la maison, je pleure, je discute longuement avec ma mère comme souvent à partir de mes vingt ans. Je pleure dans ses bras et une heure après, elle me dit : *Hugo, je vais te dire un truc, mon instinct de mère me disait que ça ne marcherait pas entre Léa et toi.* Sur le moment, j'étais en colère : *Comment tu peux me dire ça, tu n'es pas moi !* Ça m'a fait l'effet d'une claque. De quel droit une mère peut dire ce genre de choses ?

Je me suis rendu compte du côté fusionnel de la relation dans laquelle nous étions tous les deux, comme si elle vivait à travers moi et moi à travers elle. La claque, c'est qu'elle a utilisé le prétexte de son instinct de mère pour me dire qu'elle sentait que ça ne marcherait pas entre nous !

P. : Tu aurais attendu quoi ?

H. : Qu'elle ne dise rien, quelle se montre plus pédagogue en disant : *Pas grave, le temps passe, ça ira mieux plus tard.* En ajoutant que tout ça fait partie de la vie, que certaines relations nous font du mal, mais nous font grandir, etc.

P. : Il y aussi une troisième option : qu'elle prenne soin de ta tristesse.

H. : Ça, ce n'était pas possible.

P. : Trop souvent dans une relation mère fils, au lieu de prendre soin de la tristesse de son enfant, on lui dit qu'il a fait une connerie.

H. : Je n'arrive même pas à l'imaginer. Etant donné l'état dans lequel elle était, elle ne savait déjà pas prendre soin de sa propre tristesse.

P. : Ta relation avec ton père a activé ta blessure narcissique secondaire et là, c'est un ressenti d'abandon : « ma mère ne va pas prendre soin de moi ». Cela pourrait expliquer une addiction à la drogue.

H. : *(après un silence)* C'est juste.

P. : Je pense que la faille essentielle chez toi, c'est que tu es l'enfant qui perd son père et se rend compte qu'il ne peut même pas compter sur sa mère. C'est l'expérience d'une grande solitude. Bien entendu, les parents contesteront toujours ce sentiment.

Du coup, tu deviens un automate. Tu prends ta mère dans tes bras, sans affects, tu te rends compte de la sidération, ton cœur se ferme.

H. : Quand tu dis ça, je constate que, de fait, il ne se passe rien, il y a un gros blanc. Et tout de suite après, j'ai envie de te dire que j'ai une mère super, comme si j'avais besoin de me justifier.

P. : Ta mère a fait le boulot, comme un animal avec ses petits. Elle assure le gîte, le couvert et la protection contre les prédateurs potentiels, mais tu sens qu'il manque quelque chose, qu'il y a un doute… Est-ce une mère possessive ou une mère pleine de bonté ? Tu te rends compte que ta mère est possessive quand elle te dit que Léa n'était pas la fille qu'il te fallait. Tu sens le projet de ta mère sur toi : elle sait forcément ce qui est bien pour toi, elle qui t'a porté dans son ventre.

H. : Oui, et souvent quand je discute avec elle, elle reconnaît mon expérience, mes réflexes, elle se nourrit un peu de ça. Mais quand nous arrivons à un point de désaccord sur certains sujets, elle me dit : *Toi, tu n'as pas eu d'enfants, tu ne peux pas comprendre.*

Ça m'énerve parce que ça me remet à une place qui est celle qu'elle a envie que j'aie : *Toi, tu es l'enfant.* Alors que moi j'ai une vie d'adulte.

P. : Quand elle clôt la discussion en te disant que tu ne peux pas comprendre, elle te met dans l'enfant.

H. : Dans un échange à propos de mon frère qui n'allait pas bien ces derniers mois, elle me ressort ce discours. Je comprends son intuition de mère, mais elle me ressort le couplet sans rapport avec le sujet et clôt le débat de cette façon.

P. : Au moment où elle te dit cela, le lien se coupe : *Tu n'es pas dans mon projet.* Cela gêne-t-il ta relation aux femmes, avec Jade, ta compagne ?

H. : Je sais que ça a des conséquences. Récemment, alors que nous étions au Sri Lanka avec Jade, je me suis aperçu que j'avais des automatismes. J'étais moi-même capable de la rabaisser, verbalement, pour qu'elle ne puisse pas prendre sa place dans la relation. C'est une façon de garder le contrôle, de me protéger pour qu'elle ne prenne pas trop de place, comme ma mère.

Quand je suis attentif ou que je fais l'effort de la laisser faire comme elle l'entend, s'exprimer comme elle l'entend, je suis déjà en train d'anticiper ce qu'elle va dire ou faire ; je lui coupe l'herbe sous le pied. Et neuf fois sur dix, je me trompe. Elle proteste et je me retrouve comme un con. J'anticipe le comportement de ma femme comme si je voulais avoir le contrôle, alors qu'elle a sa personnalité, sa créativité. Mais je la mets trop souvent dans une case.

Elle ouvre la bouche et je connais déjà son histoire, elle connaît ce réflexe chez moi, du coup nous arrivons à en rire. C'est bien qu'elle puisse se moquer de moi.

P. : On pourrait dire qu'un automatisme se met en place pour ne pas te laisser embarquer par ta mère. Quand tu sens qu'elle prend le pouvoir, tu as peur. Il y a un lien très fort avec ce qui s'est passé avec ta mère : tu vas vers elle comme tu irais vers n'importe quelle personne en détresse, sans affects, et en même temps tu te rends compte que tu es son « objet ». C'est ta mère qui t'a façonné, donc elle sait ce que tu veux. Et avec Jade, tu te protèges de ça. C'est une manière de ne pas être objet de la femme : il faut agir avant, il faut contrôler l 'automatisme qui se met en place. Cette relation à deux, c'est comme une danse.

H. : Oui. Un soir, je discutais avec ma mère devant la cheminée, et puis je sens que nous n'arrivons pas à avancer sur le sujet, nous n'arrivons pas à parler. Nous sommes comme des enfants qui se chamaillent. Une image m'est venue, je lui ai dit : *Tu vois, maman, il faut qu'on apprenne à comprendre où en est l'autre pour pouvoir changer. Toi, tu es une fois maman, une fois adulte ; et moi je suis parfois enfant, parfois adulte. Il faut qu'on arrive à capter où en est l'autre, si tu es dans l'adulte et moi dans l'enfant, ou l'inverse.*

Quand j'arrive chez ma mère et qu'elle est déprimée, je ne me mets plus en mode enfant, mais en mode adulte, donc je reste moins longtemps avec elle. Je l'écoute, ensuite je lui donne une tape dans le dos : *Bon courage, ça va aller, prend soin de toi, à bientôt.* Ce faisant, j'ai le cœur un peu froid. Nous en sommes là pour l'instant.

P. : Quand tu étais angoissé, que faisait-elle ?

H. : Elle était aux petits soins. Je me souviens de l'avoir appelée alors que j'étais au lycée. C'était la première fois que cela arrivait. J'arrive en cours, je m'assieds sur ma chaise, je suis dans une bulle ; j'ai peur du regard des autres, je transpire à grosses gouttes et j'ai l'impression que ça ne va jamais s'arrêter. Mon voisin me regarde, constate que je ne vais pas bien. Soudain, je me lève sans rien dire, je sors pour rentrer chez moi. Je quitte le lycée en pleurant, j'appelle ma mère. Je ne comprenais pas ce qui m'arrivait, je ne savais pas que c'était une crise d'angoisse.

Ma mère s'alarme, me dit de ne pas m'inquiéter, je prends alors le bus. Dès que je suis dehors, ça va mieux. Je ne transpire plus, mais je suis incapable de retourner au lycée, de peur que ça recommence. A la maison, ma mère est aux petits soins avec moi, elle m'emmène chez le médecin qui me prescrit un antidépresseur. Ensuite, à chaque fois que je sens monter l'angoisse, j'avale un comprimé. Ça a duré six mois, un an, j'étais shooté. Je fumais beaucoup, matin, midi et soir. J'ai su plus tard que mes frères avaient fumé les mêmes quantités et durant la même période.

P. : Que disait ta mère quand elle te voyait fumer ?

H. : Elle ne me voyait pas fumer. Elle s'en doutait. Elle sentait l'odeur, elle nous disait « montrez-moi vos yeux ». Quand la pupille avait doublé de volume, elle se doutait que nous avions fumé. Elle disait que ce n'était pas bien, que la fumette détruisait la santé : *Pas de ça chez moi !* Ça me faisait peur, je me faisais engueuler, mais je n'arrêtais pas. Je n'en avais pas envie.

P. : Le médecin n'a pas fait le lien entre tes crises d'angoisse et les pétards ? Tu es passé par une belle porte, tu aurais pu faire un délire et te retrouver hospitalisé avec un traitement de choc. C'est intéressant, cette danse avec ta mère : toi avec tes crises d'angoisse, et elle pouvant basculer aussi.

H. : Mes crises d'angoisse l'ont beaucoup inquiétée, elle a dû se mettre à culpabiliser un peu, je pense. Elle a dû se dire que si j'en arrivais à ces états-là c'était à cause d'elle, à cause de sa séparation d'avec mon père.

P. : Tu as vraiment vécu des choses fortes entre ta mère et ton père, et tu te demandes ce qu'est une relation d'amour. Tu t'es senti comme un objet entre leurs mains, mais tu reconnais que ta mère « *a soigné l'objet.* »

H. : Elle a fait de nous des gens bien élevés. Chaque fois que nous étions invités quelque part en vacances ou à un déjeuner, elle était fière quand la mère d'un copain lui disait : *Ton fils est super bien élevé, très poli, sympa, serviable.* Et moi je lui suis reconnaissant de l'éducation qu'elle nous a donnée. Elle nous a appris les codes, bien se tenir à table, débarrasser, faire la vaisselle, tout le côté social et relationnel.

P. : Tu es capable de respecter les codes et en même temps tu as la capacité d'entrer dans ta folie, ce qui te permet de vivre socialement. Enfant, ton eczéma, tes crises d'angoisse au lycée, tout cela révèle que l'extérieur te faisait peur, que l'environnement était toxique. Je me souviens que nous avions entrepris un travail sur la réconciliation avec ta mère.

H. : Oui, une réconciliation moins formelle qu'avec mon père, mais plus dure… Avec mon père, c'était une démarche d'homme à homme : *Je prends mon courage à deux mains et j'y vais.* Pour ma mère, je me suis fait mille fois le film dans ma tête, mais j'étais incapable de faire le même travail qu'avec mon père. J'étais désarmé, mais je ne savais pas par quoi.

P. : Elle t'avait écrit une longue lettre.

H. : A un moment, j'avais compris que ma mère et ma marraine, son ex-meilleure amie, ne se voyaient plus. Quand je questionnais ma mère sur cette distance entre elles, elle éludait. Et à mesure que je grandissais, je ressentais qu'il y avait encore de la colère en elle. Un soir, je rentre, je sens que ma mère est en colère : *Il s'est passé quelque chose avec Mathilde ?* Elle répond non, mais elle s'énerve. Je lui dis : *Si tu es en colère, c'est qu'il y a quelque chose ?* Et elle se met à pleurer. Je cherche à savoir, j'insiste : *Comment veux-tu que je comprenne ?* Elle m'explique alors qu'il y a eu une histoire d'un soir entre ma marraine et mon père ; il y a dix ou quinze ans, je pense. Elle me fait comprendre que maintenant que je sais, il faut que je me positionne. De quel côté je suis ? Je sens que je vais ressasser un truc lourd.

Entre le moment où elle me donne cette information et mon départ à Angers, je continue d'aller voir ma marraine et ses filles, sans le dire à ma mère. Mais elle le sent et elle finit par me reposer la question qui fâche. Je lui dis : *Cette histoire, ce n'est pas ma vie, ce n'est pas mon histoire. Ma marraine, c'est ma marraine avec laquelle je vis depuis que je suis né, ses filles sont comme mes sœurs.*

Ma mère s'est sentie trahie. C'est à ce moment-là qu'elle m'a écrit une lettre de trois pages dans laquelle elle me demande de me mettre à sa place et me dit son besoin que je prenne position. C'est à cette occasion qu'elle a dû comprendre que j'allais prendre mon envol, que j'allais faire mes propres choix, prendre mes propres décisions.

P. : Notre travail t'a amené à trouver ta place auprès de ton père et de ta mère. Tu es allé à la confrontation avec ton père, et la vie t'a envoyé l'obligation de te positionner par rapport à ta marraine, donc de trouver ta place vis-à-vis de ta mère. Dans les deux cas, il y a eu une lettre. Pour ton père, c'est toi qui as écrit la lettre, pour ta mère, c'est elle. Deux actes fondateurs de ton identité : tu n'acceptais plus d'entrer dans leur système.

H. : J'ai trouvé ça dur, cette lettre, ce message de ma mère. Elle me mettait au pied du mur. Auparavant, j'avais parlé à ma marraine, je lui avais dit que j'étais au courant, que dans l'absolu ce n'était pas très propre, mais c'était sa vie, celle de mon père, de ma mère. Pas la mienne. Elle avait le droit de faire des erreurs, comme moi. J'ai pardonné.

Je pense qu'en écrivant cette lettre, ma mère m'a un peu mis elle-même au défi. Je me suis dit : *Là, je suis obligé de prendre mes distances.* J'étais en colère, je lui ai dit : Ça s'est passé quand j'avais six ans, tu me demandes de prendre position sur un événement ancien que je ne connaissais pas. Tu déboules, tu mets ça sur la table, et je dois nettoyer ! Je ne prends pas position. Elle me répond : *Si tu ne te positionne pas, ça veut dire que tu acceptes et que tu es donc contre moi.* Pourquoi je ne verrais plus ma marraine ? Je lui rétorque que cet événement ne me concerne pas, que ce n'est pas ma vie. Le comble, c'est que mon père ne sait même pas que je suis au courant.

P. : Tu prends conscience que tu es l'objet de ta mère, tu n'es pas reconnu comme un être humain. Cette histoire de lettre t'a obligé d'un seul coup à te positionner sur ce qu'est la relation à l'autre.

H. : Encore aujourd'hui j'ai du mal à trouver la bonne distance avec ma mère, mais ça va de mieux en mieux. Je me souviens que je disais : « J'ai décidé de prendre de la distance », et trois mois après nous partions en voyage en famille… Aujourd'hui, j'ai la chance d'avoir un neveu d'un an et demi. Ma mère est grand-mère, c'est donc plus facile pour moi de trouver ma place. Mais je sens qu'il me faut du temps. Je dois me montrer ferme sur plein de choses, ne pas retourner dans mes anciens schémas.

Il y a quelques mois, j'ai dîné au restaurant en tête-à-tête avec elle. Mon frère avait des problèmes, elle était triste, elle souffrait de sa solitude… Elle pleure pendant vingt minutes et là, c'est la première fois où je n'ai rien dit. Je l'ai laissé pleurer. Puis cela a été très rapide, je l'ai regardé, j'ai ressenti quelque chose de nouveau : j'ai eu des frissons. Je lui ai dit : *Que tu te livres à moi, c'est bien, mais ça suffit. Maintenant, il va falloir que tu ailles voir un psy.* J'avais l'impression de lui avoir répété ça depuis dix ans… Je me sentais confiant et fort, je n'ai pas eu un mot au-dessus de l'autre, j'ai posé mon cadre : Ça fait trop longtemps que ça dure, tu me parles toujours de mon père, de mes frères, de tout ce qui ne va pas. Je peux te donner des contacts pour aller voir un psy si tu veux que notre relation évolue, sinon *nous continuerons à prendre de la distance* (elle me disait *:* Je te sens distant »). *Je sais que la vie est compliquée pour toi, mais pour moi aussi, je* *me fais accompagner depuis dix ans.* De son côté, elle avait déjà consulté, mais elle avait arrêté parce qu'elle pensait aller mieux.

Je me suis senti fier et soulagé. J'étais calme. Longtemps, j'avais cherché les mots, j'avais l'impression que c'était difficile à dire. Et là, j'ai improvisé. J'avais trois options : soit je me lève et je la prends dans mes bras ; soit je fais le psy et je lui donne des conseils ; ou bien je lui dis « stop » les yeux dans les yeux. Je ne l'avais jamais fait.

P. : Les jeunes qui sont dans une impasse affective trouvent une première réponse dans les addictions. Pour s'en sortir, ils devront faire ce travail de prise de distance avec la mère, les amenant à avoir une démarche « d'infidélité » aux parents. De là, ils pourront devenir adultes et prendre leur vie en main. Je suis frappé de voir que les jeunes de ta génération soient aussi dépendants de leurs parents. Dans ma génération, on s'échappait très vite.

H. : J'aurais rêvé que mon père ou ma mère me pousse à prendre le large. Je vois souvent autour de moi des parents qui ont du mal à laisser partir leurs enfants. Accepter que son enfant prenne son envol, c'est un vrai travail d'évolution.

P. : La difficulté pour ta mère, c'est que ton père a reconstruit sa vie sans elle. Son chemin est qu'elle puisse partir dans la connaissance, autrement dit qu'elle travaille sur sa propre identité qui n'est pas seulement celle d'une mère de trois enfants.

Chapitre 5
Le désir mimétique du grand frère

Le travail avec Hugo, sur sa fratrie a commencé tardivement, après sa confrontation avec son père. Adolescent, il était coincé entre le modèle de son frère aîné Quentin de huit ans son aîné et celui de sa mère. Il a choisi le modèle du frère auquel il s'est efforcé d'adhérer en occultant tous les aspects conflictuels avec sa mère. Pris entre deux systèmes, après le départ du père, il vit alors en permanence dans le mensonge.

Quand il évoque la fratrie, il s'exprime plus difficilement, avec moins de fluidité que lors des entretiens précédents ; on sent le poids de l'omerta. Une autocensure non-consciente qui s'expliquerait par le fait qu'Hugo a accepté plus ou moins consciemment toutes les transgressions de son frère qu'il admirait, tout en adhérant aux règles de vie de sa mère… rejetées par Quentin.

Ce frère aîné avait vécu pendant huit ans les retombées de la gloire de son père musicien, il courait à tous ses concerts. Lui-même avait adopté le modèle du père transgressif. Pendant cette période, sa mère était encore la « groupie » du père tout en devant assurer la bonne marche de la famille. Avec le temps, elle a développé sa fonction de mère, au détriment de la groupie. Ce n'est pas un hasard si la nouvelle compagne du père l'a encouragé ensuite à reprendre la musique. Quand un couple ne travaille pas sur la construction de leur relation amoureuse, chacun pense à soi, et le couple explose.

Sur le plan théorique, on peut dire qu'Hugo était dans le désir mimétique du grand frère, sauf dans l'excès qui était la limite du modèle. Il a fait l'économie des excès parce que respectueux du modèle de sa mère dont il a été le soutien. Il s'est construit à partir du modèle du grand frère, jusqu'au moment où il a changé en devenant lui-même un modèle pour ses frères. Dans une vie, changer successivement de modèles, signifie renoncer à la toute-puissance. Il est nécessaire de passer d'un modèle à un autre pour avancer.

***

P. : Que pourrais-tu dire à propos de ta fratrie ?

H. : Quentin, l'aîné, a joué parfaitement son rôle de grand frère aimant et protecteur avec moi, de ma naissance jusqu'à mes quinze ans. Il prenait soin de moi. C'est ce que dit ma mère même si moi, je ne m'en souviens pas. Thomas, le deuxième, n'était pas très expressif. Plus tard, nous chahutions ensemble, mais il n'y a jamais eu de moments de bagarre, il ne m'a pas tapé dessus violemment. Entre nous, le chahut partait en déconnade. J'ai le souvenir de nous trois dans la chambre des parents, à l'étage, regardant la télé. Nous rigolions bien. Parfois, l'un des deux me chatouillait les pieds, l'autre s'asseyait sur moi, jusqu'au moment où je protestais vigoureusement. Ma mère montait alors les escaliers, l'un de mes frères filait dans sa chambre, l'autre faisait semblant de rien.

P. : Vous formiez un trio, il y avait une grande proximité corporelle entre vous, et tu t'y sentais bien quand tu y repenses.

H. : Oui, ce n'était pas fusionnel, mais pas non plus la baston, c'était cordial. Nous nous entendions bien. Mon grand frère était attentif, il s'assurait que l'on me traite bien à l'école. Nous avons fréquenté les mêmes établissements. Deux ou trois fois, j'ai été emmerdé dans le bus par des plus grands, du même âge que lui. Il était prêt à aller à la bagarre. Ça me rendait fier de savoir que mon grand frère veillait sur moi.

Jusqu'à mes vingt ans, Quentin a été mon modèle. Lui était dans sa période caïd, il fumait de l'herbe, multipliait les conneries, faisait de temps en temps des passages éclairs au commissariat – je pense qu'il a dû y aller trois fois en tout – mais je ne jurais que par lui. Thomas, mon frère du milieu, c'est lui qui m'a mis sur un skate. J'avais cinq ou six ans, c'est à ce moment-là que j'ai commencé à être mordu de ce sport. Thomas m'emmenait, nous partions en vélo et nous passions nos après-midis au skate-park. Mes deux frères m'ont fait progresser dans cette passion. À 9-10 ans, mon casque sur la tête, je descendais une rampe de trois mètres de haut. Au début, ils me tenaient la main, puis ils me lâchaient. Ensuite, ils m'ont dit : *Tu te débrouilles tout seul.* Je vois encore leur regard sur moi, celui de leurs potes. Ils hallucinaient de voir un petit déjà autant à l'aise sur une planche!

À l'école, nous nous suivions, à quatre ou cinq classes d'écart. J'avais quelques profs qui se souvenaient de Quentin et Thomas. À la Croix Blanche où j'ai été scolarisé jusqu'en seconde, les profs m'ont fait la remarque dès le premier jour de la rentrée en sixième : *J'espère que ça ira mieux qu'avec ton grand frère Quentin!*

Quentin a fait pas mal de conneries jusqu'à ses vingt ans, Thomas non. Lui est passé d'une classe à l'autre, tout juste. Il faisait rire la galerie, mais il ne se faisait pas choper. Quentin m'a beaucoup préservé. Quand il organisait des fêtes à la maison, ça se passait au rez-de-chaussée, et je devais rester en haut. Je jetais un coup d'œil par la fenêtre, je voyais qu'ils buvaient, fumaient, mais ça ne me concernait pas. À 14-15 ans, je fouillais dans sa chambre. J'avais trouvé la planque où il dissimulait un sachet d'herbe. Je lui piquais de quoi faire cinq à six joints par mois.

Il m'a laissé à l'abri de ses conneries. Ses rendez-vous au commissariat, il ne m'en parlait jamais, alors qu'à l'adolescence, on commence à comprendre… Lui, il avait vingt-deux ans – mon père était encore là, j'avais treize ans, j'étais en quatrième. Un jour, la police est venue perquisitionner à la maison. Il était six heures du matin ; sur le moment, je n'ai pas réalisé. Ensuite, je me suis dit que mon frère avait peut-être fait une connerie… Je me souviens de mon père en peignoir pendant qu'ils retournaient tout dans nos chambres. C'était perturbant. Ensuite, j'ai pris le bus comme d'habitude et je n'ai rien dit à mes copains.

Ce n'est qu'après que j'ai demandé des explications à mes parents. Ils n'avaient pas l'air tellement surpris.

Quentin avait dû faire une connerie. Et ma mère lui a dit : *C'est bien fait pour toi.* Ma mère était stricte, mais elle se montrait assez juste dans son approche de ce genre de choses.

P. : Comment expliques-tu que durant cette période où tes frères transgressent les règles strictes inculquées par ta mère, toi tu vives ce genre d'événement comme une fleur ?

H. : Le jour de la perquisition, j'entends le bruit, j'entrouvre ma porte et je vois Quentin qui me regarde et me dit : *Je te jure que je n'ai rien fait, ne t'inquiète pas.* Je le crois, il était mon modèle. Ensuite, nous n'en avons plus reparlé. On nous demandait de ne pas en parler. Il fallait faire attention à notre image. J'ai dû en parler à un seul de mes copains en lui intimant de ne rien dire.

Aujourd'hui encore ça me gêne d'en parler ouvertement ; je me dis que mon frère n'est pas fier de ça. Mais, ça s'est produit il y a quinze ans, c'est du passé.

P. : Tu as suivi ton modèle, toi aussi tu as fumé, vendu de l'herbe, mais tu t'es montré plus malin que lui…

H. : Non, j'ai pris moins de risques. J'ai eu ce comportement pendant un an pour payer ma consommation personnelle. Quentin le faisait pour atteindre le même niveau de vie que ses copains.

P. : Que s'est-il passé pour vos études ?

H. : On a eu tous les trois notre bac. Mes frères ont obtenu tous les deux leur D.U.T. à l'I.U.T. de Roubaix, en alternance. Ensuite, ils ont fait des jobs à droite et à gauche. Moi, quand j'étais en terminale, ma mère m'avait demandé ce que je voulais faire comme études après le bac. Je ne savais pas. Mes frères m'encourageaient à faire le même I.U.T. qu'eux. Je m'y suis inscrit par dépit. Dans les salons étudiants, je parcourais les stands et je me demandais pourquoi j'irais dans telle ou telle école… J'avais envie de faire de la Com ou de l'événementiel. C'est ce que fait Quentin aujourd'hui. J'ai passé un entretien et ça n'a pas marché. Je suis alors entré à l'I.U.T. technique de commercialisation à Roubaix, comme mes frères.

P. : C'était assez cool entre vous. Quand tu te souviens de ta relation avec tes frères, tu te souviens de quoi, du sport, de la fête ?

H. : La fête est venue plus tard. Quand Quentin faisait la fête, j'avais seulement dix ans.

P. : Quand il faisait la fête avec ses copains, ta mère était là ?

H. : Non, elle n'était pas présente ou alors seulement en début de soirée pour voir les copains qu'elle connaissait souvent depuis plusieurs années. Elle adorait que les copains viennent à la maison, l'après-midi ou le soir. Mais pour les fêtes, elle rappelait le cadre. Il fallait faire attention à l'alcool. On veillait à laisser la maison parfaitement propre et rangée.

P. : Durant cette période, ta relation avec tes frères se faisait sur le mode sportif, festif, et en même temps ils étaient des modèles ?

H. : L'aîné était mon modèle, pas Thomas. Il parlait peu. Je sentais sa présence, mais il n'y avait pas d'échanges. Comme je te l'ai dit, il y a toujours eu beaucoup de pudeur entre nous trois.

P. : Il y avait un lien de tribu entre vous, mais peu de relations. Tu faisais tout comme ton modèle, le sport…

H. : Oui, le skate, le tennis, le foot.

P. : Tes frères ne te disaient rien sur les filles ?

H. : Non. Thomas s'y est intéressé sur le tard ou alors il s'est montré très discret. L'aîné avait pas mal de succès, mais il a grandi tard. Quand j'avais seize ans, j'ai croisé quelques filles dans la maison, mais personne ne parlait de sexualité dans la famille. Ma mère nous achetait des préservatifs. Elle nous disait à Thomas et à moi : *N'oubliez pas, les garçons, les préservatifs sont dans la salle de bains.*

P. : Quentin était ton modèle, qu'est-ce que tu en penses aujourd'hui ?

H. : Aujourd'hui, on apprend à se connaître. Quand j'ai eu 20-21 ans, j'ai compris que ce modèle ne fonctionnait plus. Le doute m'est venu quand j'ai touché le fond.

P. : Pourquoi Quentin n'a-t-il pas touché le fond ?

H. : Il fonctionne en mode survie. Je pense à un exemple : depuis un an ou deux, je fais plus attention à mon hygiène de vie, je fais plus de sport, je me suis inscrit dans une salle de Crossfit (fitness intensif). Quentin s'en est aperçu, mais il ne me le dit pas. Depuis longtemps, nous avions cette image : moi, j'étais le grand maigre, et lui, le type de taille moyenne, mais musclé. Et là, il observe que je prends du muscle… Il y a deux semaines, il m'annonce qu'il a commencé le Crossfit. La semaine dernière, il me dit : *J'ai décidé de ne plus boire la semaine. Ça y est, j'y vais.*

P. : Le modèle s'est inversé ?

H. : Oui. Même chose pour mon boulot. Chaque fois que nous nous voyons, il me fait des remarques sur l'argent. Devant son fils d'un an et demi, il m'appelle l'oncle Picsou… Avec lui, il y a toujours eu un lien avec l'argent ou le physique.

P. : Auparavant, tu faisais tout comme lui. À quel moment Quentin n'est plus ton modèle ? Quel a été le déclic ?

H. : Le déclencheur aura été la confrontation avec mon père, mon nouveau positionnement avec lui. À ce moment, j'ai demandé à mes frères de me soutenir. Et quand je suis passé à l'acte, c'est moi qui suis à l'origine du rapprochement entre mes frères, mon père et moi.

Après la confrontation, quand nous avons dîné ensemble avec mon père à mon initiative, je suis devenu un peu le leader. Nous avons passé un week-end tous les quatre, et c'est là que je me suis rendu compte du rapport de forces entre mes frères et mon père. Je me suis dit : *Merde, ils ne veulent pas sortir de ça…*

P. : Dans cette période de désir mimétique, tu copies l'autre, ton frère aîné, ton modèle, tu fais les mêmes études. Logiquement, tu aurais dû travailler comme lui dans l'événementiel, mais tu ne le fais pas.

H. : J'ai toujours fait comme mes frères, mais très tardivement. Nous avons fumé notre premier joint ensemble quand j'avais seize ans, alors que je fumais déjà depuis un an ou deux. Ils le savaient, ils m'ont beaucoup préservé, à leur manière. À un moment précis, je me vois m'assumer : moi aussi je bois, je fume.

P. : Dans le mimétisme, tu acceptes leurs règles du jeu, tu ne te révoltes pas. C'est une sorte de parcours de soumission d'une manière dynamique comme le sport, mais il n'y a pas de conflit entre vous, vous êtes très liés. Et Thomas ? Comment ressens-tu le fait d'avoir un frère taiseux ?

H. : Quand j'étais plus jeune, ça m'inquiétait un peu : *J'ai un frère un peu différent et il ne se passe rien, il ne m'aime pas. Est-ce que je le saoule ?* J'ai toujours été peu attentif **à** lui, j'ai peu de souvenirs de moments de partage. Alors qu'avec Quentin, je ressentais son amour.

P. : Vis-à-vis de Quentin, tu as occupé la place de Thomas. Il a été mis de côté, nié.

H. : Oui, Quentin était l'enfant perturbateur, hyperactif. Quand Thomas est né, Quentin avait quatre ans. Il a toujours vécu dans l'ombre de Quentin. Ma mère le dit aussi.

Depuis trois-quatre ans, je découvre mon frère, il commence à parler, à se livrer, particulièrement avec moi. Il m'ouvre la porte.

Il a commencé en me parlant de ses relations avec les filles ; il m'expliquait ce qu'il vivait comme un exploit et cela me faisait rire. Ensuite, il a évoqué son intimité avec ses premières femmes. Il me disait ce qu'il ne comprenait pas. Et aujourd'hui, ça avance. La dernière fois que je l'ai vu, il m'a dit : *Tu es le seul de la famille avec qui je peux être moi-même.*

P. : Tu deviens un modèle.

H. : Oui, je pense.

P. : Les deux aînés ont vécu leur enfance dans la musique, les concerts de ton père. On comprend pourquoi Quentin est parti dans l'événementiel.

H. : Oui, même Thomas. Aujourd'hui, il est le seul qui joue de la guitare, il est doué. Ma mère devait être aux concerts quand elle était enceinte de lui. Je ne suis pas étonné qu'il ait hérité de ça.

P. : Toi, tu n'as pas vécu les concerts.

H. : Non, je n'ai connu ça que plus tard, quand mon père a repris. Jusqu'à l'âge de douze ou treize ans, je n'ai pas dû l'entendre jouer de la guitare, peut-être à la maison, le dimanche matin, ou sur CD. En revanche, j'écoutais beaucoup sa musique.

P. : Quand tu avais entre quatre et huit ans, ton père était déprimé, il ne jouait plus.

H. : Oui, le climat était un peu anxiogène. Quand Quentin avait entre quatorze et dix-huit ans, il ne faisait rien en classe, il multipliait les conneries, il y avait des engueulades à la maison. J'allais alors dans ma chambre. Je n'étais pas bien quand ça gueulait à la maison.

P. : Qu'est-ce qui se passe là ?

H. : Mon plexus chauffe. Je me dis que c'était quand même un beau bordel, quand je repense à tous ces événements…

P. : Un beau bordel ?

H. : On en prend conscience après. Sur le moment, on le vit. Ma mère faisait tout pour « tasser » les choses, pour que la famille ne se transforme pas en *famille Addams*… Quand mon père a quitté la maison, je me souviens de mon silence vis-à-vis des copains sur la nouvelle situation.

P. : Vu de l'extérieur, tu étais dans une école bon teint, la Croix blanche, et les flics viennent perquisitionner chez toi, ton père musicien quitte le foyer… ça fait beaucoup pour un gamin, et en même temps *tout va bien.*

H. : C'est pour ça que tout foutait le camp. Il fallait rester secret pour préserver l'image de la famille. C'est pour cette raison qu'en sortant du silence aujourd'hui, j'ai l'impression de trahir un peu tout le monde.

P. : Tu ne te sens pas à l'aise, c'est comme si tu marchais sur des œufs. L'autocensure marche à plein.

H. : Non, je te dis tout, mais je ne suis pas à l'aise, j'essaie de faire une analyse qui ne soit pas tronquée par les non-dits dans la famille. Mais quand je te raconte la descente de flics à la maison, je trahis un secret, je porte atteinte à l'image de la famille. Quentin, par exemple, fait constamment attention à son image.

P. : Il y a cette période d'omerta où tout va bien ; tu suis ton modèle, et tout d'un coup tu découvres que rien ne va. Quelles conséquences dans ta vie aujourd'hui ?

H. : Honnêtement, j'ai du mal à être cent pour cent moi-même, à savoir qui je suis pleinement. Je commence à le savoir, mais j'ai du mal à l'assumer, du mal à être moi-même au quotidien. Je fais attention à mon image, à ma façon de m'habiller, de parler : ce que je dis va-t-il être bon pour l'autre ? Il y a encore beaucoup de mimétisme dans mon attitude. Je sélectionne les mots que j'emploie, je reprends à mon compte des expressions de toi, de mon patron, des collègues qui m'inspirent.

P. : Aujourd'hui, tu deviens le modèle de tes deux frères : Quentin te cite en permanence et Thomas vient habiter chez toi... D'un seul coup, tu bascules de l'autre côté, tu as gagné. Quand je regarde ton mode de fonctionnement, je vois bien que tu as réussi à être un modèle pour eux. Pour Quentin, tu gagnes bien ta vie et pour Thomas tu as une vie de couple stable.

Dans le travail que nous avons fait ensemble, nous avons débusqué les différents modèles. À un moment, tu as renoncé à ton modèle et tu es fier d'avoir renversé la vapeur, d'être devenu à ton tour un modèle.

H. : En même temps, je doute, je ne suis pas sûr d'être le modèle de mes frères.

P. : Tu sens bien que tu n'es pas encore le vrai Hugo, c'est encore un jeu dans l'histoire familiale. Cette étape est nécessaire. Qu'elle sera l'étape suivante, comment peux-tu sortir de « l'imposture » ?

H. : Ce n'est pas très agréable parce que je dois être attentif à plein de choses. Je n'ai pas vraiment droit à l'erreur dans ce que je dis. Ça évolue petit à petit. Il y a encore un an ou deux, si j'avais exprimé ce que je ressentais, Quentin m'aurait sauté à la gorge : *Arrête de rêver.* Ça m'étouffait un peu, mais je n'ai pas lâché l'affaire. Samedi dernier, j'ai invité mes frères à déjeuner, je leur ai dit : *Je vous préviens, j'ai dit à maman que je ne voulais plus entendre parler de ses problèmes d'argent.* J'ai posé le cadre tout de suite. Auparavant, ils m'auraient sauté dessus. Thomas ne dit rien, il me suit. Quentin amorce la confrontation, je lui dis : *Tu fais ce que tu veux, mais je ne rentre plus dans les discussions d'argent avec papa ou maman.* Il m'a dit OK.

Je suis en train d'avancer. Il y a un an ou deux, c'était plus dur, je me perdais dans les émotions. Mon frère ne comprenait pas le chemin que j'avais entamé. Je me disais que j'allais le perdre et cela me rendait malade. Je me souviens avoir parlé avec lui une ou deux fois, notamment au cours d'un voyage familial au Vietnam en 2016. Il ne comprenait pas ce que je voulais dire, ce en quoi je croyais, il essayait de me rabaisser. Je lui ai tout dit, j'ai pleuré. Le lendemain, j'avais une angine, quarante de fièvre. Maintenant, ça ne m'arrive plus.

C'est plutôt bien, mais du coup, je me dis que quand je fais ça, je ressens moins d'amour, j'ai l'impression d'être moins aimé par mes frères.

P. : Quand tu deviens toi-même un modèle, tu te sens moins aimé, alors que quand Quentin était ton modèle, tu te sentais aimé ?

H. : Oui, parce que je reproduisais le modèle. Aujourd'hui, je prends mon envol, je marque la distance.

P. : Sur le plan théorique, on peut dire que tu en es au point de passage du changement de modèle. Tu as besoin d'un modèle fort et tu développes une certaine soumission au modèle.

H. : Oui, je le constate avec mon patron. Quand j'exprime une idée et que je veux aller au bout de ma pensée, je ne le fais pas si je vois que je sors de son cadre, ou alors je lui dis que je vais le faire, et je ne le fais pas.

P. : C'est fort ce que tu dis. On voit le lien avec l'imposture : quand je suis le modèle, j'ai l'impression de ne pas être aimé. À un moment, il faut en changer, et c'est difficile de le quitter. Changer de modèle, c'est le seul pouvoir que nous avons. Selon la théorie du désir mimétique, nous avons toujours un modèle. Nous n'avançons que si nous en avons un. Avec ton frère aîné pour modèle, tu oubliais ses frasques, tu n'entendais pas les conneries qu'il faisait, c'était un engagement inconditionnel.

H. : Il transgressait toutes les règles, mais de manière intelligente. C'est un charmeur qui se débrouillait.

P. : Je suppose qu'il devait piquer dans le portefeuille de ta mère.

H. : Nous l'avons fait tous les trois, des pièces d'un ou deux euros. Une fois, j'ai pris un billet de dix, je me suis fait choper. J'étais mal : j'avais volé ma mère !

P. : Tu ne volais pas ton père ?

H. *(en riant)* : Il n'avait pas un rond.

P. : Tu te rappelles cette période où il n'y avait pas d'argent à la maison ?

H. : Vaguement. Quand je suis arrivé à la Croix blanche, j'ai vu les fringues des autres, leurs chaussures, leurs sacs à dos... En rentrant à la maison, j'ai dit : *Il me faut ceci, cela...* Je récupérais les affaires de mes frères, des fringues trop grandes. Je portais une paire de baskets de chez Décathlon, les copains eux, se promenaient avec des baskets à 80 euros. Au début, quand j'étais en sixième-cinquième, c'était un peu compliqué, j'avais l'impression d'être un peu pauvre, mon sac à dos était moche. Ma mère ne faisait pas de chichis avec ça.

Mais tous les trois, nous avons su nous adapter. Nous avons magouillé à notre manière. Je me souviens que dans la chambre de Thomas il y avait des chemises de marque encore emballées et il se faisait engueuler par ma mère. Il était copain avec un des types qui rapportait des produits du Maroc ou d'Algérie, des parfums, des trucs comme ça, qu'il vendait pour arrondir les fins de mois et sortir avec les potes. Nous avons toujours trouvé un système D pour avoir plus de sous. Ma mère nous donnait 30 euros par mois. Quand il n'y avait pas de cantine, nous mangions un sandwich au rabais à midi. Ce n'était pas suffisant, il fallait acheter nos clopes, un peu d'herbe, de quoi boire un coup le week-end. Nous faisions un peu de babysitting, mais c'était plus facile de vendre des chemises ou deux grammes d'herbe.

P. : À ce moment-là, tu as un modèle et un mode de vie transgressif, celui de la *combinazione*. C'est intéressant, car quand tu quittes le modèle, tu gagnes. Quand je t'ai connu, tu n'avais pas un sou, et quand tu changes de modèles, tu gagnes de l'argent.

H. : Mon nouveau modèle, c'est toi, ça m'inspire parce que j'apprends. Avec mon patron aussi, j'apprends.

P. : Le modèle, c'est le produit d'une admiration et d'un enseignement. Au moment de la bascule, tu t'es passé du modèle de Quentin pour qui il fallait trouver le moyen de gagner sa vie, au besoin en trafiquant. Alors que dans notre travail, je n'ai pas mis l'argent en priorité. Il fallait d'abord comprendre ton mode de fonctionnement. Le modèle classique de ton frère était fondé sur la capacité à gagner de l'argent, une place au soleil. Ton frère fonctionnait à partir de ses pulsions. Moi, je t'ai proposé un autre modèle : comment passer des pulsions au désir ? C'est la réflexion que nous avons menée ensemble.

Ce changement de modèle s'est effectué parce que nous en avons parlé. Ta mère est issue d'une famille qui a des valeurs, ton père est artiste. Tous les deux n'ont pas fondé leur vie sur l'argent. Ta mère est une éducatrice. Quentin a rejeté ces valeurs éducatives, il a choisi les valeurs de la réussite sociale.

H. : Oui, mes parents ne vivaient pas pour l'argent, ils se sont toujours battus pour payer leurs dettes, c'était une angoisse permanente au sein du couple. Ils ne nous l'ont pas tellement communiquée, pas à moi en tout cas. Quentin, lui, est reconnu pour calculer au centime près. Thomas est assez économe, il n'a jamais demandé un prêt d'argent.

P. : Tes parents vivaient d'une passion, la musique, l'argent n'était pas un objectif. Ils étaient capables de vivre chichement au service de leur passion. Ils venaient tous les deux d'un milieu aisé. Choisir l'art, c'était une forme d'aventure. Ta mère avait seulement seize ans quand elle a rencontré ton père.

H. : Elle m'a dit qu'elle était tombée amoureuse de lui quand elle avait dix ans, un vrai coup de foudre. Ils habitaient à cinq cents mètres l'un de l'autre. Ma mère n'a connu qu'un seul homme dans sa vie.

P. : C'était son premier amour. Elle doit considérer ton père comme son âme sœur et elle lui est restée fidèle même après leur séparation. Et lui ?

H. : Il ne m'en a jamais parlé.

P. : À mon avis, ta mère n'a pas compris pourquoi ton père a stoppé sa carrière de musicien professionnel. Comment a-t-elle réagi quand il a remisé sa guitare ?

H. : Ma mère m'a souvent dit qu'un soir mon père est rentré en disant : *Mon groupe c'est fini.* Elle a dû souffler. Elle allait trouver un peu de stabilité avec deux salaires fixes. Aujourd'hui, elle n'est pas prête à le reconnaître, elle me dit : *Ton père, je l'ai porté à bout de bras toute ma vie, j'ai tout accepté.*

P. : Son erreur aura sans doute été de ne pas l'avoir soutenu justement, et sa réponse inconsciente a été d'être enceinte. Lui rêvait de musique et il s'est retrouvé à faire un boulot de commercial. Quand tu es né, elle est allée au bout de son projet. Le problème, c'est que les gens qui ont l'habitude de la lumière ne supportent pas la routine. En fait, ton père a recommencé la guitare après leur séparation. L'erreur de ta mère a été de penser inconsciemment qu'un troisième enfant permettrait de réaliser la famille de ses rêves.

H. : J'imagine très bien que pour mon père, un enfant suffisait. Mon père était un gosse. Quand il était jeune, il était considéré comme quelqu'un à part, une espèce de rebelle. C'était un leader, mais pas dans la masse, dans son coin, dans la nature.

P. : On pourrait émettre l'hypothèse du dedans/dehors : À 16 ans, ta mère voit en ton père un homme sur scène, dans la lumière, son rêve. Progressivement, elle se rend compte qu'elle s'illusionne. Elle y apporte une réponse en vivant sa fonction de mère. C'est l'histoire de ces femmes qui tombent amoureuses d'un homme qui incarne ce qu'elles voudraient être par désir mimétique. Or elle n'a pas fait le travail qui consisterait à prendre conscience de ce que signifie pour elle « être dans la lumière », autrement dit sa propre identité de femme. Cela peut être source de souffrance quand les trois enfants quittent le foyer.

H. : Je sais depuis peu que Quentin a été au courant, avant ma mère, de la tromperie de mon père avec Sylvie, sa nouvelle femme aujourd'hui. Il avait dix-neuf ou vingt ans, il n'en a rien dit à personne. Un jour, il se retrouve au commissariat, ma mère vient le chercher et sur la route du retour, il lui dit : *Je crois que papa ne va pas bien, il est déprimé.* Et elle : *Mais non, tout va bien.* Quentin insiste : *Tu es sûre qu'il ne voit pas quelqu'un d'autre.* Elle secoue la tête : Ça va aller mieux. Et c'est seulement plus tard qu'elle apprendra ce qui s'est passé.

P. : En conclusion, on peut dire que ton frère aîné était un modèle pour toi, tu le suivais avec un certain aveuglement, tu ne voyais pas les anomalies de son comportement. Jusqu'au moment où, au fond du trou, tu vois que tu vas sombrer… C'est ton modèle et en même temps, tu n'arrives pas à être comme lui. À un moment, tu décroches.

Au cours de notre travail, il s'est passé du temps avant de parler de tes frères. C'est apparu après ta confrontation avec ton père. Tes frères ont refait surface et tu les as mis à leur nouvelle place.

Chapitre 6
L'abandon des dépendances

Quand Hugo était venu me voir, il était complètement dépendant de l'alcool et de la drogue. Je n'ai pas alors adopté la position de l'éducateur, j'ai essayé de comprendre ce qui l'avait amené là. Nous avons mené tout un travail de verbalisation sur ce qui l'avait plongé dans la dépendance, sur son histoire. Il m'a paru important de m'appuyer plus sur les conséquences de ses excès que sur les faits eux-mêmes. J'ai créé du lien avec lui et pris appui sur ce qui était positif dans sa vie, notamment son boulot. Je lui ai montré que son métier pouvait être passionnant afin qu'il se rende compte de la difficulté d'arriver shooté sur son lieu de travail, pour qu'il touche du doigt les conséquences de son mode de vie. Je n'ai pas eu la réaction habituelle d'un adulte qui lui aurait dit : « Prends-toi en charge, arrête tes conneries. » Je l'ai mis dans la matière, je l'ai invité à trouver de l'intérêt dans la réalité.

J'ai respecté le temps nécessaire pour qu'il puisse parler, sans jugement et cherché à faire le lien avec ce qu'il vivait dans le réel : la gueule de bois des lendemains de cuites, le mal-être, ce vide ressenti après les week-ends passés à boire du whisky avec ses copains. Grâce à l'apprentissage par alternance, nous avons pu nous aider de son obligation de travailler alors que les cours n'avaient aucun rapport avec la réalité de l'entreprise.

Au fur et à mesure de nos entretiens, Hugo s'est aperçu que sans l'alcool et la drogue, son rapport aux autres était bien plus plaisant, lui qui avait une grande qualité relationnelle. Cela lui a permis de décrocher de son ancien mode de vie. Étant attentif au mode de relation entre les gens, il va spontanément dans l'échange sans viser le rapport de forces. Le risque est qu'il aurait pu devenir manipulateur. Aujourd'hui, il a compris qu'en étant respectueux des autres, il est plus efficace sur le plan professionnel.

Hugo a pris conscience que ses dépendances le détruisaient. Aujourd'hui, il n'en veut plus, mais il ne sait pas encore exactement ce qu'il veut, ce qu'il est. Parce qu'il a rompu avec ses anciennes habitudes, il gagne sa vie, il prend confiance en lui, il s'aime mieux. Sa seule grande souffrance, c'est la solitude, certains de ses copains étant restés dans l'illusion de la fête.

***

P. : Quand as-tu commencé à boire ?

H. : J'ai pris ma première cuite à quatorze ans. C'était un week-end, mes frères et moi avions la maison pour nous. C'était la première soirée que j'organisais chez moi, il devait y avoir une vingtaine de personnes.

Ma mère était d'accord. C'était l'époque où tout foutait le camp dans la famille. Je pense que ma mère ne se doutait pas qu'il y avait de l'alcool fort, avec ses conséquences. Elle était partie pour le week-end, je ne sais pas où. Il devait y avoir aussi un de mes frères.

P. : Il n'y a pas de règles, la maison est libre, et ta mère ne veut pas savoir ce qui se passe, elle veut seulement que la maison soit clean quand elle rentre.

H. : À 14 ans, je n'ai pas le souvenir que ma mère m'ait dit ce qu'elle pensait de l'alcool et des pétards. Quand j'avais 15-16 ans, elle disait quand même : *Je ne veux pas de pétards dans la maison.* Mais nous avions compris un truc : le pétard ne laisse pas d'odeur, en revanche la clope s'imprègne dans les tissus. De temps en temps, elle rentrait et disait : Ça sent le pétard ! Et nous, nous protestions que non. Elle allait renifler les rideaux : Ça sent la cigarette !

P. : Que disait-elle quand elle voyait ton père saoul ?

H. : Je ne me souviens pas de ce qu'elle me disait. Quand il avait bu, je ne captais pas qu'il était saoul.

P. : Ta mère buvait-elle ?

H. : Non, quasiment pas, un ou deux verres par jour. Au bout de deux coupes, elle arrête, elle ne supporte pas l'alcool. À cette époque, il n'y avait pas trop de règles concernant l'alcool. Je pense qu'elle n'imaginait pas ce qui se passait. Elle ne se rendait pas compte que quand on réunit une vingtaine de types dans la maison, ça fume, ça boit. J'ai dû boire un quart de bouteille de vodka orange et j'ai vomi. J'ai fini la soirée, enfermé dans les toilettes, je m'y suis même endormi. Quand mon frère est rentré, il m'a porté dans ma chambre pour que j'aille me coucher pendant que les autres continuaient à faire la fête.

P. : Que ressens-tu en en parlant ? N'ayant pas tenu l'alcool, tu aurais pu avoir honte vis-à-vis de tes copains.

H. : Non, quand je revois les images, c'était de la défonce. Le vendredi et samedi soir, on faisait tous ça. On buvait et on repartait en scooter à trois ou quatre heures du matin. On a fait ça pendant six ou sept ans. Après on avait nos bagnoles.

P. : Au premier contact avec l'alcool, tu vomis. Et pourtant tu continues.

H. : À l'époque ça faisait rire. En fait, c'était à celui qui allait boire le plus et qui tiendrait le mieux. Il y avait une espèce de compétition. On jouait aux cartes ou aux dés pour boire. C'était des jeux d'alcool.

P. : Tu te rappelles ce que ta mère a dit quand elle est rentrée ce soir-là ?

H. : Ma mère ne rentrait que le lendemain soir, et heureusement… La maison était nickel. Elle est rentrée comme si de rien n'était. En fait, ma toute première cuite, c'était quand j'étais très jeune. C'était l'anniversaire de la tante d'Agnès, l'une des trois filles de ma marraine. Elle et moi, nous avons fini les verres. On nous a raconté ensuite que nous avions dû boire quatre ou cinq fonds de verre, nous avions huit ou neuf ans.

Après, pendant sept ans, l'alcool, c'était tous les vendredis soirs après les cours. On avait un point de rassemblement. La question était : *Tu achètes une bouteille avec qui ?* Ensuite, le but était d'acheter seul sa bouteille et de passer toute la soirée à la boire. Il y avait différents groupes de potes. Parfois, il y avait une centaine de personnes qui débarquaient en scooter et qui investissaient les maisons à Marcq… Ils les laissaient dans un état ! Les parents partis, les mecs organisaient des soirées et se faisaient déborder par le bouche-à-oreille. Un climat… ! Moi, je me faisais embarquer par l'adrénaline du truc, mais je sentais que c'était dangereux. Une fois que j'étais pris par l'alcool ou la drogue, c'était un autre moi-même qui prenait la place. C'était un con, un dragueur, beau parleur et menteur.

P. : Tu affabulais ?

H. : Oui, je n'étais pas celui qui allait faire des conneries, mais j'étais un menteur, je parlais beaucoup, je faisais parler n'importe qui. J'étais dans la manipulation, ça me servait à draguer les filles.

P. Que ressens-tu en en reparlant ?

H. : C'est loin, mais ça reste assez clair dans mon souvenir. J'ai des images de soirées ; je vois bien comment c'est monté crescendo, en rythme et en quantité. De 14 à 16-17 ans, je roulais encore à mobylette. Je n'avais pas encore mon bac. Ma mère autorisait des sorties, mais il fallait que je sois malin. Sans la possibilité de rentrer tard, je devais raconter des bobards.

P. : Ta mère posait un cadre, mais tu arrivais à l'illusionner. Selon ma théorie, en l'absence du père, ta mère pose le cadre, mais sans s'en rendre compte, elle ne vérifie pas son application. Elle ne cherche pas la réalité, elle n'a pas envie de se couper de toi. Il y a ce moment où la mère capitule pour ne pas se couper de ses enfants. Tu avais des stratégies, ta mère était rigide en apparence, mais tu as fait ce que tu voulais.

H. : J'étais invité à droite et à gauche dans les soirées. J'avais le stress de devoir demander à ma mère si je pouvais y aller. Si je disais : *J'ai une soirée, est-ce que je peux y aller ?* Elle pouvait me dire : *Tu n'as pas assez travaillé, tu as de mauvaises notes, tu ne mérites pas d'y aller.* Ou alors elle disait : *Tu peux y aller, mais jusqu'à onze heures du soir.* Et moi : *Mais ça commence à neuf heures... Bon,* concluait-elle, *tu rentres à minuit.* Mais je ne voulais pas ! Nous négocions en permanence. J'avais plein d'amis qui disaient à leurs parents qu'ils allaient dormir chez un copain. Et ils faisaient la fête jusqu'à quatre heures du matin, avec retour en scooter... Moi, je n'ai pas eu accès à ça tout de suite. Seulement quand j'ai eu mon bac, ou un peu avant. J'ai eu ma mobylette à quatorze ans.

P. : Penses-tu que ta mère a adopté une bonne posture ?

H. : Oui, en se montrant stricte à cette époque. Cela m'a permis de ne pas déraper. Plus tard, j'aurais pu. Quand j'ai eu ma voiture, elle a perdu le contrôle. Je bossais, je m'assumais presque financièrement ; matériellement, elle n'avait pratiquement plus d'emprise sur moi. Tous les six mois, je lui demandais 200 euros parce que j'étais dans le rouge… Malgré la séparation d'avec mon père, elle a réussi à rester ferme. C'**était** une bonne chose.

P. : Nous pourrions résumer en disant que tu transgressais, mais il y avait des règles alors que pour d'autres, il n'y en avait pas.

H. : Oui, j'étais sans doute plus naïf, mais j'hallucinais de voir ce qu'on pouvait vivre dans ce milieu où les parents n'intervenaient pas. On faisait quand même des conneries, il y a eu des accidents, des morts, des jeunes qui conduisaient sans casque et qui se tuaient sur la route.

Deux types ont eu des accidents très graves il y a quinze ans, ils ont failli crever tous les deux. C'était lors d'une soirée où je devais aller, mais je ne l'ai pas fait. Il y a eu des scènes atroces. Je me souviens d'un autre qui est mort en rentrant d'un entraînement de foot en scooter, de deux copains de mon grand frère qui se sont tués en scooter aussi.

Dans ma bande proche, nous avons eu du bol. Nous étions moins fous que les autres. Au début, je m'étais intégré dans une bande de types un peu voyous, sans cadre, sans limites, ça partait loin. Et ensuite, en classe de quatrième-troisième, j'ai trouvé une nouvelle bande de copains qui aujourd'hui est toujours la même. Elle est plus calme. Ceux sont des copains du même collège, du même milieu social.

Avec eux, c'était plus bon enfant. Dans certains groupes, il y avait de la méchanceté, des bagarres. Dans ce groupe-là, pas du tout. Ils adoraient faire la fête et des conneries plutôt gentilles. Il n'y avait pas de violence, à part celle que l'on s'infligeait physiquement avec l'alcool. Dans ce groupe, je me sentais un peu fort. Ils avaient de moi une image issue de mon ancienne bande, celle d'un casse-cou, alors que je ne l'étais pas du tout.

P. : Pourquoi n'as-tu pas pris le chemin de la violence, du casse-cou ? Par peur, à cause des règles imposées par ta mère ? Ou bien tu étais le caïd de la bande.

H. : A 19 ans, il y avait, au niveau inconscient, la peur de crever. Deux ou trois événements m'ont interpellé. Je me souviens d'une soirée chez un copain où il y avait de l'alcool. Nous avions tous beaucoup bu, nous ne savions pas comment cela finirait. À une heure du matin, sur un coup de tête, je dis aux autres : *Allez, on part en boîte, je prends ma bagnole.* Nous étions quatre ou cinq, nous avons quitté le lotissement, nous avons discuté dans la voiture et j'ai oublié d'allumer mes phares. Au moment de traverser la nationale, j'ai grillé un stop et je me suis retrouvé dans le lotissement d'en face. Il y a eu un blanc. Nous nous sommes tous regardés : *On a fait les cons, on ne maîtrisait pas le truc…* Mais nous avons continué quand même, nous avons fini la soirée en boîte, tout en continuant à boire. À six ou sept heures du matin, en rentrant de Belgique, nous sommes tombés sur un contrôle de police. Et miracle, nous ne nous sommes pas fait arrêter. Pourtant, j'avais les yeux éclatés, nous étions démontés, mais l'agent m'a regardé sans sourciller…

Le lendemain matin, je n'étais vraiment pas bien ; je me suis dit que j'avais dépassé les limites et que j'étais encore passé au travers. Deux ou trois fois, j'ai eu ce sentiment : Ça va trop loin. Ensuite, je me suis progressivement autorégulé. De l'âge de 14 ans jusqu'à 18-20 ans, la prise de risques a grimpé en flèche jusqu'à atteindre un pic. Cela étant, j'ai compris qu'il fallait que ça redescende.

P. : Tu n'as pas eu envie de mourir ?

H. : Si, mais un peu plus tard, au cours de ma descente. C'est le moment où je t'ai rencontré, j'avais des envies de mourir, cela me traversait l'esprit.

P. : Tu as eu peur de mourir et en même temps envie de mourir. Et l'herbe, c'est arrivé comment ?

H. : En même temps que l'alcool. J'ai commencé à fumer des pétards à 14-15 ans, pendant deux ans. Ensuite, j'ai fumé des clopes sans arrêter les pétards, j'ai quasiment fumé tous les jours pendant dix ans. J'ai beaucoup fumé.

Au début, je fumais en soirée avec les copains pour rigoler, et le midi au lycée, lors de ma première et deuxième seconde. Les beaux jours, on buvait et on fumait, on se rejoignait dans les espaces verts du lotissement. Ensuite, quand j'ai quitté la Croix blanche pour un lycée de Lille qui était réputé pour les fumeurs, c'était matin, midi et soir pendant deux ans. Plus tard, à l'I.U.T. de Roubaix, il y avait pas mal de fumeurs. Pendant trois-quatre ans, c'était encore matin, midi, soir. Cela dépendait si j'allais en cours ou au boulot…

Cela m'éteignait et parfois m'angoissait. Quand je fumais, j'étais stone, et quand j'arrivais en cours, ça réveillait mes crises d'angoisse. C'était en classe de première-terminale que j'ai eu des crises d'angoisse, au moment où je fumais le plus.

P. : Quand tu as commencé à diminuer l'alcool parce que tu as pris conscience que tu pouvais mourir, tu as augmenté la fumette et du coup, les crises d'angoisse ont émergé.

H. : A 18-19 ans, quand j'ai eu ces crises d'angoisse, je me suis dit que la vie m'emmerdait, que je ne m'amusais plus. Les pires crises d'angoisse, je les ai connues en terminale et en première année d'I.U.T. Je suis resté sous antidépresseur pendant environ un an. J'arrivais en cours plus ou moins défoncé. Je m'asseyais, j'avais un coup de chaud, je transpirais à grosses gouttes. L'angoisse montait, je m'essuyais, j'essayais de me calmer. Si je croisais le regard d'un prof ou d'un élève, la peur m'envahissait. Une vraie psychose, c'était dingue !

P. : Qu'est-ce que te disaient tes copains ?

H. : Les copains me demandaient : Ça va ? Qu'est-ce qui se passe ? Je disais que j'avais un malaise.

P. : Comment réagissaient les copains de ta bande quand tu n'étais pas bien ?

H. : À l'époque, on ne parlait pas de ça. On buvait, on fumait, je ne parlais pas de mes angoisses. Même à mes frères je n'en parlais pas. Je n'échangeais qu'avec ma mère qui m'a envoyé chez un médecin. Quand je lui ai raconté ce qui se passait, il m'a donné du Lexomil. Il m'a dit : *Dès que tu sens que ça vient, tu en prends.* C'est ce que j'ai fait pendant six mois.

P. : Tu continuais à fumer et personne ne t'a interpellé sur la fumette, même pas le corps médical ?

H. : Non, je n'en parlais pas. Personne ne pouvait le voir. Dans ma famille, dès que nous fumions un pétard, nous avions les yeux éclatés, avec du sang dans l'œil. Mais en Belgique, j'avais acheté un Collyre puissant qui me nettoyait le blanc de l'œil. Personne ne le voyait. Ma mère n'a su que quatre ou cinq ans après que je fumais un pétard tous les soirs dans la cheminée du salon, pendant qu'elle était dans la cuisine. À 18 ans, nous avions le droit de fumer une cigarette le soir.

P. : Tu voyais bien la différence entre l'effet de la clope et celui de l'herbe ?

H. : Oui. Pour le ravitaillement, Il y avait un petit parc au bout de l'école, on allait voir un type sur un banc, c'était le self-service. C'était plus rapide d'acheter dix grammes d'herbe qu'un sandwich. J'avais un ou deux copains dans cette école qui dealaient. Avant, quand j'avais 14-15 ans, j'en piquais un peu dans l'armoire de mon frère. De temps en temps, on faisait un aller-retour aux Pays-Bas ou dans un coffee shop à la frontière belge. On allait dans les toilettes, un type nous vendait de l'herbe. On a su plus tard qu'il vendait aussi des armes, toutes sortes de marchandises. Un copain allait prendre les commandes.

P. : Il te fallait de l'argent pour acheter tout ça, comment n'es-tu pas devenu dealer ?

H. : En terminale, je l'ai fait deux fois : j'ai acheté 200 g d'herbe à crédit, et j'ai revendu à mes copains pour payer ma consommation personnelle. La troisième fois, je suis allé un soir chez le dealer avec un de mes copains. J'ai pris 50 ou 100 g d'herbe que j'ai planqués une fois rentrer à la maison. Le lendemain, je m'aperçois que le copain n'est pas à l'école ; je me dis qu'il doit être malade. Le surlendemain, toujours personne. J'apprends alors qu'il y a eu une descente de police chez lui une demi-heure après que je sois passé… Plein d'élèves ont été convoqués par la police pour témoigner, mais pas moi ; j'avais utilisé le portable de quelqu'un d'autre pour le contacter. J'ai pensé qu'il était parti en taule, cela m'a fait peur et je me suis dit que ce n'était pas pour moi.

P. : C'est amusant, tu as un système de sécurité qui marche bien, une bonne étoile. À chaque fois que tu frôles la catastrophe, ta sécurité fonctionne, comme si tu recevais une alerte de l'univers.

H. : Il y a eu plusieurs alertes. On partait en boîte de nuit à jeun, on garait la voiture, on passait la soirée en boîte. Une fois que j'étais ivre, je n'avais plus de cadre, je faisais ce que je voulais, j'allais au bout des bêtises. C'est seulement le lendemain que j'étais déprimé. Et le soir, on buvait, on remettait ça. Personne ne voulait déprimer tout seul, donc on se retrouvait le dimanche.

P. : Il n'y avait que des blagues entre vous.

H. : Oui, des jeux à la con, de la déconne. J'ai eu une autre alerte importante en première ou en deuxième année d'I.U.T. à 21-22 ans. Début décembre, un *open bar* avait été organisé par l'école, une soirée de Noël où tous les étudiants s'étaient retrouvés dans une boîte de nuit aménagée dans une cave. J'y étais allé en voiture avec deux copains, en emportant duvet, couette, oreillers : on irait en boîte, on dormirait dans la voiture et on rentrerait le lendemain matin.

Nous passons la soirée dans la boîte jusqu'à quatre ou cinq heures du matin, et nous la quittons pour aller dormir dans la voiture. L'un de mes copains dormait déjà sur la banquette arrière et moi je rigolais avec l'autre devant la bagnole ; nous avions mis de la musique, ça gênait le voisinage. Le patron et le videur ont couru vers nous, ils m'ont mis un coup de taser, je suis tombé. Ils nous ont dit de partir, pensant que nous allions faire les cons, alors que nous avions juste l'intention de dormir là. Nous avons pris peur et nous sommes montés dans la voiture. J'ai pris le volant, ivre mort, mon copain m'a dit : *Gare-toi là, on va dormir.* Mais j'ai protesté parce que nous étions presque arrivés. Nous avons roulé jusqu'à Bondues, j'ai déposé mon copain et ensuite je voulais retourner chez moi avec mon autre copain, mais dans le dernier virage avant d'entrer dans le lotissement où j'habitais, je m'endors et je fais un tout-droit dans une haie de jardin. Nous habitions là depuis trente ans, tout le monde connaissait ma petite voiture bleue. Il était 6 h 30, l'heure où tout le monde se lève pour aller bosser…

J'étais encastré dans la haie ; j'essaie de redémarrer ; je dis à mon copain de sortir de la bagnole. J'avais peur, je voyais les lumières des maisons qui s'allumaient. L'un des voisins a sorti la tête par la fenêtre en disant : *Bouge pas, je vais appeler la police.* J'ai donc récupéré les CD de mon père et mes papiers de voiture pour qu'on ne puisse pas m'identifier, et je me suis mis à courir pour rentrer chez moi, mon copain sur mes talons. Je suis rentré tout doucement pour aller me coucher, mais dix minutes après les voisins sonnent à la porte. Nous, nous étions ivres morts, nous dormions déjà. Mon frère vient me réveiller, ma mère s'emporte : *Tu te débrouilles, ton père va venir te chercher dans une heure.* C'est la seule fois où ma mère s'est mise dans cet état à cause de moi. Elle est partie travailler, mon frère aussi, et mon père est venu pour dégager la voiture.

J'avais vu passer le vent du boulet, c'était dangereux. Ça m'a bien rappelé qu'il fallait que j'arrête.

P. : Ce n'est jamais grave, tu ne sors pas de ces accidents handicapé ou blessé, tu as une bonne étoile. Qu'est-ce qui fait que tu n'es pas passé au coke ?

H. : J'ai essayé quatre ou cinq fois, de manière improvisée… Sur le moment, je vivais des sensations géniales, et ensuite il y avait trois ou quatre jours de descente aux enfers. Une envie de crever sans savoir pourquoi. À chaque fois, ça m'a fait cet effet-là.

P. : Ta sécurité a fonctionné.

H. : C'était terrible, un sentiment de puissance, de maîtrise. D'ailleurs, c'est au cours de ces soirées que j'ai fait le plus d'excès : bagarres, histoires avec les filles.

P. : À quel moment as-tu cultivé de l'herbe ?

H. : J'avais vingt-deux ans, je venais d'avoir mon premier appart avec mon pote et Léa. L'herbe était dans la chambre de mon copain, nous ne pouvions plus y dormir. Nous avons passé trois mois dans le salon. Au moment de la floraison, l'odeur se répandait dans tout l'immeuble – nous habitions au rez-de-chaussée. Nos copains nous disaient : *Vos voisins ne disent rien.* Nous, nous ne sentions rien, nous vivions dedans. Mais l'odeur devait imprégner nos vêtements quand nous arrivions au bureau… Chez Kazio, je me souviens de quelques allusions, mais je ne faisais pas attention.

P. : C'est intéressant, ce mélange de normalité et de transgression. Je t'ai rencontré à cette époque : tu as cette capacité à donner l'impression que tout est normal. C'est un jeu que tu arrivais à maîtriser ; tu menais apparemment une vie normale et en même temps il y avait chez toi ce côté destroy... Tu me racontais tes week-ends, et c'est là que le travail a commencé.

Tu me parlais de ce que tu vivais, de tes sensations. Tu me disais que tu étais malade le lendemain. Et au lieu d'avoir une posture éducative, je m'appuyais sur ton vécu du lendemain. Tu prenais conscience que c'était stupide ; tu avais le sentiment que la gueule de bois l'emportait sur le plaisir que tu pouvais avoir connu la veille. C'est intéressant, cette danse. Jusqu'au moment où tu as compris que ces soirées étaient vides. Tu as ressenti la lassitude de ces soirées des vendredis et samedis, avec la gueule de bois du dimanche où on se traîne dans le canapé...

H. : Oui. Les lendemains, je me posais toujours dix mille questions, je déprimais, je me disais : *Quel sens ça a ? À quoi bon ?* Sans avoir les réponses. Et ensuite, je me faisais rattraper dans le quotidien par l'illusion de la relation dont j'avais besoin, par l'euphorie du truc. On était ensemble, on vivait des émotions fortes, il fallait qu'il se passe des choses. Et après, on se racontait les exploits des uns et des autres dans les soirées. Jusqu'au moment où j'ai compris que ça n'avait plus de sens.

P. : Au lieu d'interdire, comme le font spontanément les parents, je me suis plus appuyé sur les conséquences que sur l'acte lui-même. Du coup, je ne te disais pas d'arrêter, je comprenais ton mal-être. Nous parlions souvent ensemble de l'atmosphère de ces soirées qui progressivement sont devenues glauques. Ensuite, tu traînais la patte toute la semaine.

H. : Cela n'a fait que s'accentuer. Maintenant, je ne peux plus faire le moindre écart… Je suis allé au restau récemment avec mon pote Valentin. Nous avons bu trois bières, deux bouteilles de vin, nous nous sommes couchés à minuit. Et le lendemain, j'ai payé les conséquences. Pourtant, nous avions passé un super moment, nous avions discuté, car il est drôle à mourir ! C'était génial, mais je ne supporte plus le trop-plein d'alcool.

L'effet négatif est devenu de plus en plus net. Aujourd'hui, je ne bois plus d'alcool fort, peut-être deux bonnes bières, un verre de vin, mais je ne peux plus faire comme avant, sinon mon corps me rappelle à l'ordre et je mets plusieurs jours à m'en remettre, physiquement et psychologiquement.

P. : Comment peux-tu expliquer que tu n'aies pas fait comme les autres qui ont continué à boire ?

H. : Pour ses trente ans, un copain avait organisé un week-end. Je ne suis pas venu le premier soir parce que je savais que la fête allait finir à six heures du matin, ce qui n'est plus mon truc. Je suis arrivé le lendemain midi, j'ai partagé les jeux avec eux l'après-midi. Le soir, ils étaient tous épuisés par les excès de la veille, on a fait un feu de camp. À minuit, j'étais couché, et je suis reparti le lendemain à neuf heures. Je négocie maintenant, je sens bien que je ne suis plus dedans. Je ne participe plus, je ne suis plus vraiment dans la bande… ou je m'en extrais moi-même, je ne sais pas trop.

P. : Tu dirais que c'est ton corps qui t'en a détourné ou que tu as décidé toi-même ? Qu'est-ce qui a déclenché la décision de quitter cette dépendance ?

H. : Il y a eu des facteurs déclenchants progressifs. Les dernières alertes ont été physiques. Le lendemain d'une fête, je sens mon cœur qui bat trop fort, ça me fait peur. Ça m'est arrivé quatre ou cinq fois d'avoir cette sensation, je me suis dit : « Il faut que j'arrête l'alcool fort » et j'ai arrêté progressivement. Mes copains me disaient : *Tu ne viens plus…* Je leur répondais que si je buvais, j'aurais le lendemain des palpitations cardiaques.

P. : Pourquoi tes copains continuent-ils ?

H. : Je ne sais pas. Si je prends pour exemple mon expérience : en allant dans les excès, je noyais mes angoisses sans jamais le dire, j'adorais faire la fête avec les copains pour vivre des sensations fortes. J'avais la conviction d'entretenir les liens d'amitié en détruisant mon corps. Ce n'est plus ma vision aujourd'hui. Ce n'est pas facile à vivre. Car je renonce à une forme de fusion avec l'autre.

C'est pénible ce vide, je me sens un peu seul. Je suis en train de me poser la question : *C'est quoi l'amitié ?* Valentin me reparlait de notre rencontre et me disait : *Parfois, ça me fait peur : je ne sais pas ce que ça va devenir.* Et je lui répondais : *Pour l'instant, on ne sait pas, continuons à entretenir l'amitié, à parler, puisqu'on voit que ça te fait du bien et que ça me fait du bien. Continuons et on verra.*

La semaine dernière, il me dit : *Je vais être tout seul, sans ma femme ni mes enfants, tu me prévois une soirée.* Je lui dis que non, je préfère aller bouffer à deux dans un bon restau plutôt que de partir avec les potes jusqu'à six heures du matin. Il me dit : *Ah oui, c'est vrai, avec toi c'est comme ça.* Et nous avons passé une super soirée.

Je suis en train de me rendre compte que le tri se fait naturellement, et ce n'est pas simple à vivre. Du coup, je ne suis plus drôle, je ne fais plus partie du groupe, les gens me prennent au sérieux. Dans la bande, je suis celui qui se pose des questions tout le temps, ça n'attire pas. En revanche, avec les deux ou trois qui ont entamé la démarche de travailler sur eux avec un intervenant extérieur –comme mes meilleurs copains Baptiste et Valentin, là je sens qu'il y a un truc, mais je ne sais pas encore quoi.

P. : Sur le plan théorique, on peut dire que tu touches la mélancolie, la solitude. Tu dois compenser pour combler la solitude : tu es curieux, toujours dans la relation à l'autre, tu te nourris des rapports humains, tu as cette capacité à faire parler l'autre et à être une éponge. Tu sens que ce type de relation avec tes copains relève de l'illusion, tu es donc confronté à la solitude, au questionnement sur ce qu'est la relation aux autres. On tend vers la réciprocité, on veut prendre soin de l'autre et que l'autre prenne soin de soi, mais le fondement de l'amitié c'est que chacun soit à sa place. Tu es sur ce chemin terrible qui consiste à te couper de certains de tes copains. C'est intéressant cette prise de conscience que la défonce est une forme de nausée, au sens sartrien. Du coup, tu bascules dans la renonciation à ce mode de relation, ce qui modifie ton appréhension des rapports humains.

Tu dois faire le deuil de la fusion avec tes copains, une

fusion dans le Tout qui est en fait une illusion. Quand tu sors de ce repas avec ton copain, le moment a été fort, et tu rejoins ensuite une sorte de dépression post-partum.

En conclusion, on peut dire qu'à partir du moment où tu reprends la maîtrise de toi-même, car ce n'est plus l'alcool et la drogue qui dirigent ta vie, tu te coupes de ceux qui sont encore menés par leurs dépendances. La seule chose dont tu te rends compte, c'est que tu vas mieux physiquement.

Pour être aligné entre tête-cœur et corps, tu dois faire le deuil d'une forme de vie et changer de posture. Du coup, tu te retrouves dans l'inconnu : *Vers quoi vais-je ?* Vient alors la connaissance : la nécessité d'apprendre, de comprendre comment fonctionne la société et comment je me situe en son sein. Ça peut passer par l'art, l'écriture…

H. : Oui, c'est clair. Cela commence à se calmer et je commence à avoir des opportunités professionnelles intéressantes, ça se met en place. Mes relations sont plus saines, je ne suis plus dans les dépendances affectives. En résumé : j'ai envie de réaliser quelque chose de ma vie.

Chapitre 7
L'incarnation dans la vie réelle

Hugo ne peut fonctionner qu'avec un modèle. Voilà pourquoi, au cours du travail sur sa vie professionnelle, j'ai fait en sorte d'accompagner sa relation au modèle. Je suis son modèle premier, un modèle paternel, et son patron est son deuxième modèle. Nous allons aller de l'un à l'autre. Il est nécessaire pour lui d'être proche de son modèle, de briller à ses yeux. Son côté féminin est développé, toute la démarche a donc consisté à lui faire comprendre que l'important pour lui, c'est la relation, et en même temps qu'il ne peut pas rester au stade de la relation : il doit aussi être opérationnel.

Depuis le commencement de sa carrière, je l'ai étroitement accompagné. J'ai trouvé touchant son témoignage sur ses débuts dans le monde du travail, cette rigueur professionnelle alors qu'il donne l'impression d'être déstructuré. Très vite, il a été copain avec les chefs et les ouvriers. Quand ensuite il a rompu avec son modèle chez Kazio, il n'a pas plongé. Il a réussi à se remettre sur un autre modèle, son patron chez Imobilio. Dans la vie réelle, il a besoin d'un modèle parce que le contenu du boulot n'est pas moteur pour lui. Il ne sait pas vraiment ce qu'il veut faire, son projet de vie ce serait plutôt le surf. Il n'est pas attiré par l'argent, le bling-bling. Ce qui l'intéresse plus que tout, ce sont les sensations que lui procure le surf.

Chez Kazio, Hugo a eu une relation forte avec son patron, mais au moment où il est question de le faire rentrer dans le rang, il part. Il lui a proposé un projet grandiose, mais son modèle a eu peur. Son deuxième modèle a été plus malin, c'est un homme plus proche de son histoire. Il a connu un parcours plus original, il a vu en Hugo le fils qu'il aurait voulu avoir.

Au cours de ce travail, je me suis appuyé sur son besoin d'être admiré par le modèle : « Pour qu'il t'admire, il faut que tu bosses ». C'est en cela qu'il est féminin. Dans mon accompagnement, j'œuvre pour qu'il s'incarne dans la matière sinon il partirait dans le Don Juan et s'envolerait dans le rêve.

***

P. : À quand remonte ton premier contact avec la vie professionnelle ?

H. : J'avais seize ans, un job d'étudiant en juillet dans une entreprise textile à Houplines. Je cherchais un boulot pour payer mes vacances. Mon père donnait des cours de guitare au type qui m'a embauché. Je me suis retrouvé dans le monde ouvrier pendant un mois et demi, à préparer des commandes de chaussettes, culottes et caleçons pour la grande distribution.

J'ai aimé découvrir ce milieu. Au bout d'une semaine, j'étais copain avec trois quarts des ouvriers. Ils buvaient du whisky dans l'entrepôt, fumaient des joints à midi. C'était loin de chez moi, alors je passais la journée avec eux et on s'est bien marré.

P. : C'était une relation différente de celle que tu avais avec tes copains ?

H. : Non, il n'y avait pas une grande différence. Ces types se détruisaient, ils buvaient et fumaient tous les jours tout en pilotant des transpalettes électriques. Les bouteilles de whisky étaient cachées dans les cartons.

P. : Comment expliques-tu ton côté relationnel ?

H. : Je ne sais pas l'expliquer. J'étais curieux de voir comment ces types vivaient. C'est là que j'ai pris conscience qu'il y avait des types qui auraient cette façon de travailler toute leur vie. Ils m'invitaient, ils m'ont ouvert leurs portes et nous bouffions des sandwiches chez eux. Ils avaient des vies compliquées : la famille, les parents, tout était compliqué. Quand je rentrais chez moi, je me sentais rassuré, ça me faisait drôle. Je repartais sur ma mobylette, je me disais qu'en fait, j'étais bien chez moi. Je disais à mes potes que je bossais dans une boîte où les types étaient dingues ! C'était un peu la misère. Ils emballaient des trucs dans les cartons, remplissaient les camions. Intellectuellement, il ne se passait pas grand-chose.

P. : Cette expérience ne t'a pas boosté pour faire des études ?

H. : Non, mais j'ai compris le monde de l'entreprise. Dans ces entrepôts, il y a très peu de lien entre les ouvriers et les types dans les bureaux. J'avais capté que je pouvais aussi bien fumer une cigarette et discuter pendant vingt minutes avec l'assistante de direction que bouffer avec les ouvriers. Je n'en étais pas conscient sur le moment, mais j'avais créé du lien dans l'entreprise. Au bout d'une journée, j'avais pigé comment préparer les commandes, comment tout ça fonctionnait. Mais ça ne m'a pas donné plus envie de faire des études, au contraire. À la fin du stage, je savais que je ne ferais jamais ce type de boulot de ma vie, mais j'étais content d'avoir vécu cette expérience, fier de la faire figurer sur mon CV.

L'année suivante, j'ai travaillé dans le bâtiment pour le père d'un copain qui retapait des maisons à Halluin. J'étais avec son « homme à tout faire », sympa, mais un peu froid au premier abord. Je bossais avec un copain et nous rigolions bien. C'était un chantier de démolition d'une maison, on y allait à la masse, il fallait remplir les bennes, faire des allers-retours à la déchetterie avec la camionnette. J'ai fait un foot un soir et je me suis blessé. J'ai donc arrêté, mais j'ai bien aimé le contact avec les gars du chantier, des types du coin, probablement des ouvriers au black ; il n'aurait pas fallu qu'un accident se produise.

P. : Tu avais dix-sept ans. C'est intéressant que tu définisses tes boulots par le biais relationnel. La relation est importante pour toi. Là, tu découvrais un autre type de relations.

H. : Les premiers jours, j'étais stressé comme un malade avant d'y aller. J'ai dû faire démarrer ma mobylette au moins trois fois la veille, pour être sûr d'arriver à l'heure. Je voulais bien faire.

P. : Comment expliques-tu ce stress, ce côté consciencieux au boulot, alors que tu es plutôt un dilettante, sans règles ?

H. : C'est encore vrai aujourd'hui. Quand j'ai un rendez-vous important, je peux me mettre dans un état de stress par peur de louper mon train si le rendez-vous est à Paris ou de ne pas être suffisamment compétent devant mon interlocuteur. Je ne m'attarde pas tellement sur le contenu, mais plutôt sur la forme…

P. : C'est amusant de voir que tu es un ado qui se fout des règles, et là tu vérifies trois fois ta mobylette…

H. : Dans le monde du travail, je suis très attentif.

P. : Pourtant tu n'avais aucun modèle de ce monde de l'entreprise, chez toi, ton père était musicien.

H. : Je me souviens qu'il ne fallait pas être en retard à l'école. Je ne voulais pas arriver dans la classe après tout le monde, m'excuser auprès de la maîtresse.

À 18 ans, j'ai pris un job d'étudiant chez Chronodrive

à Croix, là où se trouvait le siège. J'y travaillais à l'année 12 à 15 h par semaine, et à temps plein en juillet. J'ai fait aussi quelques jobs saisonniers entre les deux.

P. : Chaque année, tu trouvais un boulot ?

H. : Une année, j'ai eu un creux ; j'ai vendu un peu d'herbe en juillet pour être tranquille. J'étais en première année d'I.U.T. quand j'ai trouvé ce boulot chez Chronodrive. J'ai adoré, j'y allais avec plaisir. Nous n'étions que des jeunes, une vingtaine dont dix contrats d'étudiants. L'ambiance était bonne. Je me suis rapidement bien entendu avec les responsables. Aujourd'hui, il m'arrive de les croiser, on se reconnaît. Ils ne travaillent plus chez Chronodrive, mais ils se souviennent que l'on se marrait bien. Il y avait trois secteurs : ceux qui préparaient les commandes dans l'entrepôt, ceux qui étaient affectés aux frigos et un secteur livraison dont je faisais partie. J'allais chercher les commandes et je les livrais dans les coffres. Il fallait faire le tour le plus rapidement possible ; il y avait un nombre de commandes à faire à l'heure. J'ai fait cette activité pendant un an, avant de négocier mon alternance en entreprise chez Kazio.

P. : Tu as tout de suite été copain avec les patrons.

H. : Avec mon chef, oui. J'ai créé des liens avec les employés à temps plein. Pas de whisky, mais nous buvions des bières à la fin du travail, c'était soft. Je venais d'avoir ma bagnole. J'ai fait attention les six premiers mois. J'aimais bien la convivialité dans cette entreprise.

P. : Pourquoi n'es-tu pas resté ?

H. : Pendant ma première année d'I.U.T., j'ai eu une moyenne catastrophique, alors j'ai négocié avec le responsable formation pour qu'il me fasse basculer en 2ème année en alternance. J'ai proposé à Chronodrive de me prendre en alternance, mais il n'y avait pas de place. Ensuite, j'ai rencontré la mère d'un copain qui bossait chez Kazio et cherchait un contrat d'apprentissage et elle m'a pris.

P. : Il y a une constance chez toi : tu trouves toujours du travail par les relations.

H. : Une fois, j'ai travaillé pour une concession automobile grâce à une copine de mon frère qui bossait dans une agence d'intérim. Pendant un mois et demi, j'ai préparé des bagnoles, neuves ou d'occasion, pour les clients. J'étais très bien payé. Les commerciaux me donnaient le planning pour la semaine. Je nettoyais les voitures de fond en comble toute la journée. Il m'arrivait de conduire de belles bagnoles le temps d'un trajet jusqu'à la station de lavage. Je fumais pas mal.

J'ai mis plus de temps à connaître les vendeurs en costume-cravate, ils étaient toujours avec les clients. Mais ils venaient me voir et au bout d'une semaine, nous étions copains. L'un d'entre eux m'avait proposé de faire des contrats, je l'avais assisté en rendez-vous pour voir comment on vendait des voitures, mais ça ne m'a pas emballé. Je ne suis toujours pas fana de voitures.

P. : En quoi prenais-tu plaisir à côtoyer les commerciaux, tu voulais te mettre en valeur ?

H. : Non, c'était vraiment de la curiosité, j'aime savoir ce que fait l'autre. C'est ma manière de voir le monde, c'est ce qui m'intéresse. Et puis, je suis content que les autres m'admirent. Quand je suis en entretien et que le type me dit que c'est moi qu'il prend, j'ai la sensation d'avoir emporté la mise.

P. : En fait, tu ne te préoccupes pas du contenu du boulot. Ensuite, tu es entré chez Kazio par un copain. C'est important, la puissance du réseau, tu es issu d'un milieu où on dispose d'un tas de réseaux.

H. : À l'I.U.T., j'étais dans la classe d'un mec brillant, super sympa, Jean, qui est devenu un très bon copain. J'étais dans ma période un peu *bad*, la fumette, l'alcool, rien à faire de l'école. Je me demandais pourquoi j'y allais, probablement parce qu'il y avait des copains que j'aimais bien. C'est à ce moment que je décroche ; je n'ai pas de lien avec les profs. Et ce copain me dit que sa mère va venir faire une conférence dans l'amphi entre midi et deux ; elle va parler de sa boîte qui vend des objets de déco pour la maison. Je lui dis que ça ne m'intéresse pas, mais mon copain insiste en disant qu'elle a peut-être besoin d'étudiants en alternance. Je ne comprends pas grand-chose à son métier d'acheteuse, mais je m'y intéresse un peu. Je demande son numéro de téléphone à mon pote, je l'appelle et je rédige un CV et une lettre de motivation. Je me suis fait aider par un copain de mes parents qui était D.R.H. Il a revu la mise en pages et la formulation.

J'ai donc un premier entretien avec Audrey, la mère de mon copain, et cela se passe plutôt bien, mais je lui dis que je ne sais pas bien en quoi consiste son métier. Jusqu'ici, je n'ai rempli que des cartons de caleçons. J'ai aussi fait de la démolition dans le bâtiment et livré des sacs de courses dans les coffres de voiture. Je crois qu'elle a apprécié ma franchise. Elle m'a fait rencontrer la D.R.H. J'ai su plus tard que celle-ci ne voulait pas m'embaucher, je lui paraissais trop destroy, mais Audrey voulait m'avoir dans son équipe. Elle m'a donc pris sous son aile, m'a appris le métier. J'étais assistant achat, assistant produit, ce qui veut dire que je passais mon temps au téléphone avec les fournisseurs, les magasins. Je remplissais des tableaux Excel avec des références de produits… Elle s'est montrée patiente, elle m'a vraiment formé. C'est la première personne qui a cru en moi.

P. : Quand tu es glorifié, tu es très efficace, tu marches ?

H. : Je ne sais pas si je suis glorifié, mais à ce moment de ma vie, ce boulot chez Kazio a été une bouée de secours magique. Je ne m'en suis rendu compte qu'après. Si mon copain et sa mère n'avaient pas été là, j'aurais raté mon D.U.T.

P. : Dans tous ces postes les personnes t'ont fait confiance. Quand quelqu'un te fait confiance, tu arrêtes d'être destroy.

H. : Je fais bien le boulot.

P. : Les enseignants qui ne font pas ce travail relationnel te disent que tu ne vas pas réussir.

H. : Quand j'ai redoublé ma seconde à la Croix blanche, ma prof principale m'a dit : *Vous êtes bon pour un B.E.P., vous ne serez pris nulle part.* Ça ne donne pas envie de continuer !

P. : Donc, tu arrives chez Kazio ?

H. : Chez Kazio, je tombe dans un univers composé presqu'exclusivement de nanas. Je me sens bien. Audrey, la mère de mon copain, voit que je suis à l'aise quand il faut aller voir les chefs de secteurs et les vendeurs dans les magasins pour leur raconter les produits. Faire le lien avec les magasins, ça me plaisait. Il y avait un entrepôt, un show-room où il fallait mettre en place les rayons, c'était plus mon truc que les tableaux Excel. Dans l'équipe, on est trois avec Audrey et Agnès, l'assistante principale, six ans de plus que moi, issue du même milieu. Je suis bien accueilli, ça fonctionne assez rapidement.

Ensuite, je réussis à avoir mon D.U.T. grâce à un autre copain que je rencontre pendant ma deuxième année en alternance. Je sympathise avec ce mec brillant, nous nous prenons mutuellement en affection. Il va m'aider pendant les cours et me permettre d'obtenir mon D.U.T. À ce moment, je dis à Kazio : *J'arrête l'école, j'en ai ras-le-bol, est-ce que vous m'embauchez ?* Audrey me répond que je devrais faire une licence, ce qui serait bien pour mon CV. Elle continue de me faire travailler en alternance pour obtenir ma licence pro. En fait, j'ai été accepté en licence non pas au vu de mon dossier, mais parce que je bossais chez Kazio. La société n'était pas encore référencée chez eux.

Je démarre alors le métier en magasin et je change de chef, une femme de quarante ans avec laquelle je m'entends bien rapidement. C'est durant ces 6-8 mois que tu essayais de me faire comprendre pourquoi les tapis de bain de telle couleur se vendaient mieux que les autres... Tu étais persuadé que ça m'intéressait, mais je m'en foutais. Je te dis que je ne vais pas aller au bout de ma licence, mais tu insistes pour que je tienne. Je te rétorque que je n'ai pas fait mon mémoire alors qu'une bonne note au mémoire pouvait suffire pour obtenir la licence. Tu me dis d'y aller quand même. Je fais donc acte de présence le jour de la soutenance et j'arrive en short sans avoir rien fait... Je n'ai pas eu ma licence, je l'ai annoncé chez Kazio en disant que j'aimais bien travailler avec eux.

Au milieu de ma première année chez Kazio, j'avais demandé à la D.R.H. si je pouvais passer un moment avec le patron et elle accepte. La politique de la maison étant de tutoyer tout le monde, je dis au boss : *On ne se connaît pas, mais j'aimerais bien apprendre à te connaître, est-ce qu'on peut déjeuner ensemble ?* Un peu surpris, il accepte et pose une date pour le mois suivant. Ce jour-là, il m'emmène dans un bistrot qu'il connaît et me raconte sa vie, sa femme, ses enfants. Auparavant, je m'étais ouvert aussi, je lui avais expliqué où j'en étais. C'était une pointure, un type intelligent, trente ans chez Meliroy, récemment dans le top 3 chez Nameo.

P. : Comment expliques-tu, et ce sera récurrent, cette relation privilégiée avec les patrons ? Tu es toi-même étonné que le patron se confie à toi.

H. : J'ai du mal à l'expliquer. Ce qui m'importait à l'époque, c'était la nécessité de dire qui je suis à ces patrons qui me faisaient confiance. Sinon j'aurais eu l'impression de ne pas être authentique. J'allais au bureau, j'étais propre sur moi, mais le patron ne savait pas qui j'étais, or j'avais besoin qu'il sache. J'étais en quête de modèle et je le trouve alors en cet homme de 55 ans, l'âge de mon père. Quand il me raconte son cursus, je me dis qu'il a fait comme moi en démarrant comme chef de rayon, et je me rends compte ensuite que ma démarche n'est peut-être pas « normale ». Quand je rentre au bureau, les assistantes me disent : *Pourquoi tu fais ça, tu es fou ?* C'était drôle. Après je me suis dit que c'était quand même culotté de ma part. Avec du recul, je peux dire aujourd'hui que je cherchais un modèle pour avancer et trouver un sens à mon quotidien, être reconnu par le modèle était mon seul objectif.

P. : Tu as les codes sociaux et en même temps tu les transgresses, c'est une danse qui t'est personnelle. Tu es capable de dire « On est tous frères » et en même temps tu sais exactement là où tu ne dois pas mettre les pieds. Tu sais faire en sorte qu'il se passe quelque chose de fort, de manière à ce que ton patron accepte la transgression de la règle. Tu vas dans la familiarité et le modèle en est étonné et il s'y laisse prendre.

H. : La D.R.H. me donnait des limites, mais lui avait un côté naïf, un peu comme moi.

P. : Ton patron devait avoir un côté un peu féminin, comme toi, convivial, chaleureux. Et ta D.R.H. devait être plus dans le masculin, le respect des règles.

H. : Dans ces magasins, j'étais donc en lien. Alors que la ligne hiérarchique s'étendait du vendeur au chef de secteur, puis au directeur de magasin, puis au D.R.H. et au DG, moi je court-circuitais les positions intermédiaires tout en disant que j'avais discuté avec le patron. À chaque entretien, je lui disais que j'aimerais bien continuer, évoluer. Le patron m'a demandé si j'étais mobile, il m'a donc proposé un poste de chef de secteur junior sur l'ouverture d'un magasin à Clermont-Ferrand. C'était la première fois que l'on me donnait de telles responsabilités. Je dis oui assez rapidement, sans savoir ce qui m'attendait. J'avais alors 22 ans et je n'avais jamais quitté Lille.

Et là, je suis confronté à des gens différents de ceux que j'avais rencontrés jusqu'alors, des personnes pas forcément dans l'affect, voire pas du tout. Moi qui venais de quitter ma petite amie, j'amorçais un nouveau départ et j'avais besoin de relations d'affection. Or je tombe sur un directeur de magasin et un chef de secteur qui ne vont pas sur ce terrain-là. Ça me glace un peu le sang.

J'ai fait des crises d'angoisse, je n'étais pas bien. On bossait comme des fous. Avec mon pote Alex, lui aussi muté là-bas, nous faisions des allers-retours Clermont/ Lille tous les week-ends. On travaillait du lundi au vendredi, 60 heures par semaine, et on ne nous laissait pas partir le vendredi soir avant 18 heures, alors que nous avions sept heures de route à faire. Une fois, nous avons failli nous tuer: Alex, qui ne voulait pas me laisser conduire pour me préserver, s'est endormi l'espace d'une seconde au volant…

J'ai tenu jusqu'à l'ouverture. Ce jour-là, le DG fait le tour des rayons avec moi: Ça va, ça se passe bien? Et je lui dis qu'il faut qu'il me bouge de là sinon je m'en vais. J'avais déjà tiré les sonnettes d'alarme, car c'était la catastrophe sur le plan managérial. Mais la D.R.H. me croyait seulement noyé dans ma détresse affective. Je dis au patron: *Avec mon binôme, ça ne fonctionne pas, je n'en peux plus du directeur de magasin, et la ville est triste à mourir. Je n'ai pas un seul copain ici, je vais me tuer. Il faut me mettre sur un autre projet.* Il me dit avoir entendu.

P.: Là, tu es plongé dans la vraie vie professionnelle où l'important est de faire tourner le magasin et non pas de créer des relations. C'est un choc. Quand tu évoques ton expérience, tu ne parles pas de ce que tu as réalisé. Tu as fait le boulot, mais ça ne te satisfait pas, tu ne peux pas être efficace sans relations; c'est une de tes fragilités. Cette réalité-là, c'est celle de 90 % des gens au travail qui ne s'intéressent qu'au process. C'est la première fois que tu es confronté au fait de n'avoir pas pu créer des relations humaines.

H.: J'ai essayé de le faire, j'ai recruté des équipes à mon image. Je m'entendais bien avec les filles qu'on avait embauchées, mais ma binôme les montait contre moi. Pour le boss, l'essentiel était l'ouverture du magasin et le chiffre d'affaires. Sur le plan relationnel, c'était le chaos, mais ce n'était pas son problème. Je me suis dit : *Il faut qu'il sache ce qui se passe.*

P. : Le magasin marchait ?

H. : L'ouverture avait été excellente, ça a duré six mois un an, ensuite les chiffres n'étaient pas si bons, l'emplacement était mauvais. Ma binôme a été licenciée pour vol deux ans après.

P. : Je l'ai souvent vérifié sur le terrain, il y a des personnes très professionnelles qui, paradoxalement, peuvent être celles qui trichent le plus. Là, tu te retrouves dans un univers professionnel où l'on privilégie les objectifs, et tu perds pied.

H. : Mon patron m'envoie alors faire une ouverture de magasin à Angers. Mais avant, pendant 6-8 mois, je suis retourné à la centrale d'achats à Lille pour remplacer une femme en congé maternité. Je deviens l'assistant-principal d'Audrey et ça se passe très bien. C'est à ce moment-là, avant le démarrage à Angers, qu'on me demande, à l'occasion d'un séminaire, de faire un témoignage sur mon parcours. J'avais l'intention de lire mes notes, mais j'ai été tétanisé d'avoir à parler devant 150 personnes. J'ai bégayé sur les premières phrases, puis j'ai jeté mes notes pour parler avec plus de naturel. J'ai été félicité. J'ai ensuite démarré à Angers.

P. : Là, tu es très proche du patron, tu déjeunes avec lui ?

H. : Nous ne déjeunions jamais en tête-à-tête. Quand il faisait la tournée du magasin, il mangeait avec toute l'équipe. Je n'ai plus eu trop de liens avec lui quand j'étais à Angers. J'avais recruté une super-équipe qui fonctionnait bien. Je me sentais un peu seul chez moi, mais j'étais impliqué, nous avions fait une belle ouverture. Au bout d'un an d'exploitation, j'ai rappelé mon patron pour lui dire que je commençais à m'ennuyer. En plus, je n'étais pas très bien payé et les trajets Angers/Lille coûtaient cher. Bref, je n'avais pas envie de faire ma vie ici. Je lui parle alors d'un projet : j'avais contacté les responsables de la mobilité interne du groupe Nameo et j'avais monté un dossier. Je lui dis : *Tu m'envoies au Brésil pendant un an, j'apprends la langue, la culture, et dès qu'on trouve un terrain on monte un magasin Kazio là-bas.* Il me dit de le laisser réfléchir, mais quand je le rappelle, il me répond que je suis trop jeune. Et puis s'il fait ça avec moi, d'autres voudront en faire autant. Et moi : *Ok, tu ne peux pas, mais tu ne m'augmentes pas non plus de 500 euros par mois ?* Il refuse, donc je lui annonce que je vais chercher ailleurs.

Trois ou quatre mois plus tard, un soir de réveillon, je rencontre Juliette dont j'ai déjà parlé au chapitre 2. Elle me parle de son expérience dans l'immobilier d'entreprise, elle connaît un mec extraordinaire à Lille : *Il faut que tu le rencontres. C'est un type sympa, comme nous, il va te donner des conseils. Tiens-moi au courant quand tu rentres à Lille, j'organiserai un rendez-vous.*

J'arrive au rendez-vous à neuf heures, en touriste naïf. Col roulé, baskets, pas de CV sur moi, même pas un crayon. Dans mon esprit, j'allais boire un café avec un patron pour lui demander conseil… J'étais au siège de la boîte, je croise des types en costard, cheveux gominés en arrière, chemise blanche, cravate. Je ne me sens pas bien… J'enlève mon pull, je cours aux toilettes pour défroisser ma chemise et me recoiffer en me mouillant les cheveux. Ensuite, je passe deux heures avec le patron et il me demande mon CV. Je lui dis que je n'en ai pas sur moi. Il rigole : *Qu'est-ce que je peux faire pour toi ?* Je me présente en lui expliquant qui je suis, d'où je viens et je lui pose des questions. Il me raconte sa vie, son parcours, son métier. À la fin, il me dit : *Tu as un profil qui me plaît, on va faire une grapho. J'ai une agence à développer à Amiens, ça t'intéresse ?* J'ai dit oui tout de suite. C'est ainsi que ça a démarré.

P. : Tu es curieux, offensif. Pour compenser le vide, tu es obligé d'être dans l'hyperactivité, de montrer que tu es le meilleur. Durant toute cette période, je t'ai accompagné en permanence. Quand tu étais dans la tentation du chantage, je te disais qu'il fallait négocier. Quand tu as déjeuné avec ton boss chez Kazio, tu m'as appelé pour savoir ce que tu pourrais lui dire. À chaque étape, nous nous téléphonions. Je pense avoir eu raison quand je t'ai dit d'aller voir le patron d'Imobilio en étant décontracté. Nous en parlions, je t'aidais à clarifier ta pensée, mais je ne te formatais pas. Du coup, tu étais rassuré et tu y allais décontracté, tu restais toi-même.

H. : Oui, tu m'avais dit : *Vas-y, sois curieux, pose des questions.*

P. : Là, chez Imobilio, tu trouves un nouveau modèle. En plus, le patron a un parcours singulier, il a fait des études de psychomotricien avant de changer de métier. Le précédent modèle t'a déçu, il voulait te remettre dans le parcours de carrière classique chez Kazio. C'est là qu'on trouve ta névrose de base : *Il faut que tu sois reconnu comme le meilleur.* Si ce n'est plus le cas, tu casses le modèle et tu rebondis, toujours grâce aux relations. Tu as cette qualité de t'appuyer sur tes relations et tu arrives à te mettre en valeur avec rien de rationnel, seulement de l'affect, du vibratoire, du cœur-à-cœur. Et en même temps, tu fais en sorte que le patron te parle de sa vie, tu touches le cœur de l'autre immédiatement. Il y a chez toi cette nécessité : *Je veux que mon modèle me reconnaisse et me mette dans la lumière, et vite.*

H. : Donc je pars à Amiens, j'apprends le métier, ça marche bien au bout des six premiers mois. Dès la première année pleine, je fais mon chiffre. J'ai un binôme compliqué et nous nous retrouvons au bout de huit mois sans chef, celui-ci quittant la région. J'ai donc le boss de Lille à distance et je me retrouve avec un requin de l'immobilier dans mon agence. J'apprends à jouer des coudes, à m'affirmer. Six mois sans chef, c'est dur.

P. : Mais tu as le soutien du patron, même dans le conflit avec le « requin ». Tu gardes le lien avec ton modèle.

H. : Le boss m'appelait pour me demander comment ça se passait, je lui disais : *C'est compliqué, mais on tient. On assume, on avance.* Je n'en disais pas plus, j'avais laissé derrière moi le couplet de la plainte. Finalement, l'autre se fait exclure et un nouveau type est recruté avec lequel je m'entends bien. C'était un mec sympa avec qui nous avons reconsolidé l'équipe.

P. : Tu ne t'es pas senti capable d'être le chef, tu n'en avais pas envie, pourquoi ?

H. : Le contexte ne m'en donnait pas l'envie. Dans l'organisation interne, le chef avait les mêmes responsabilités qu'un commercial comme moi, mais avec encore plus de boulot. Je ne me voyais pas prendre la place d'un chef avec le collègue qui était violent… Même encore aujourd'hui, si l'on me propose un poste de directeur commercial, je n'en veux pas, cela ne m'inspire pas.

P. : Tu as besoin d'être le numéro 2 de celui qui a le pouvoir. Tu demandes au numéro 1 de te reconnaitre, mais tu n'as pas envie d'être le numéro 1. Tu as la même liberté de fonctionnement qu'un directeur de département, mais sans en avoir le titre, parce que tu es soutenu par le numéro 1. Il faut que tu retiennes ça dans ta carrière : c'est important pour toi d'être proche du numéro 1 et qu'il te mette en valeur tout en comprenant que, ce faisant, il ne se met pas en danger lui-même. Sinon le tandem ne fonctionne pas.

H. : Je l'avais prévenu que je resterais encore un an, pas plus. Je finissais sur une belle année, je lui dis que j'arrête et il n'y croit pas : *Tu as vingt-six ans, tu gagnes dix mille euros par mois et tu veux arrêter ? Je ne comprends pas, que vas-tu faire ?* Et je lui réponds « Un petit tour du monde ».

Il me demande si je veux rentrer à Lille et il me propose plusieurs autres activités possibles, mais je lui explique que ça ne m'intéresse pas de revenir dans l'organisation lilloise, de redevenir junior, de refaire tout le réseau. Ce serait trop long et il y aurait un chef entre lui et moi, ce qu'inconsciemment je ne voulais pas. Il conclut alors qu'il ne peut rien faire pour moi et nous nous quittons bons amis. Je quitte son bureau pour retourner à Amiens finir mes quatre mois, et une fois monter dans ma voiture, j'ai une sensation de vide. J'appelle un vieux copain, je lui raconte que j'ai arrêté mon boulot. Il ne comprend pas : *Pourquoi as-tu fait ça ?*

Une semaine plus tard, mon boss me rappelle : *J'ai pensé à un truc, viens faire de l'investissement avec moi à Lille.* C'est le quatrième métier de la boîte : on conseille les investisseurs pour l'achat ou la vente d'immeubles, ce qu'il fait lui-même sur le marché lillois depuis vingt ans. Sa collaboratrice venait de partir, il fallait reconstituer une équipe. Quand il m'a fait cette proposition, j'ai senti mon sternum chauffer… J'étais sur le point d'acheter un van avec Jade pour faire le tour du monde. Je me suis dit : *C'est un piège, il ne faut pas que j'y retourne, ce n'est pas un monde pour moi, je n'en peux plus. Ce que je veux, c'est faire du surf au bout du monde.*

Avec Jade, nous voulions partir à l'aventure avec les planches de surf, le chien et 30 000 euros. J'ai nourri cette idée-là, et elle aussi a ce côté aventurier. Et puis j'en avais ras-le-bol d'Amiens, je commençais à bien gagner ma vie sans trop savoir ce que je voulais faire de mon fric. Ce serait une bonne pause. J'avais envie de fuir plutôt que de construire, je n'avais pas de projet.

P. : C'est une constante chez toi : durant tout ton parcours professionnel, tu as envie de faire du surf. Quand tu étais à Amiens, tu cherchais à travailler à Biarritz, tu as toujours ce rêve de l'aventurier.

H. : Oui, ce que j'aime dans le surf, c'est l'énergie que ça procure. C'est génial, mieux que tout, une planche, des vagues et c'est parti. J'aime cette simplicité et la joie que ça me procure pendant et après chaque session.

P. : Le surf, c'est aussi la métaphore de l'accompagnement : il faut aider l'autre à prendre la vague, mais ne pas aller contre la vague. Il faut surfer sur la vague pour qu'il découvre ce qu'il doit réaliser sur terre.

H. : Mais c'est quand j'ai voulu réaliser ce rêve de partir au bout du monde pour faire du surf que tu m'as dit que j'étais en train de quitter la réalité : *On te propose un super projet, tu n'es pas à deux ans près.* Si je n'écoutais que mon rationnel, il fallait que je le fasse. Je ne savais pas dans quoi je me lançais. À Lille, il y avait une dizaine de négociateurs expérimentés, j'allais reprendre un poste sympa auprès du boss, il faudrait que je fasse preuve d'adaptabilité. Aujourd'hui, ça fait un an et demi et ça fonctionne bien, je bosse avec lui et une collègue de 55 ans qui travaille avec lui depuis vingt ans. En fait, le boss a créé un poste pour moi.

P. : C'est important pour toi d'avoir une relation directe avec ton modèle et de lui prouver que tu es bon. Le Boss et la collègue occupent la fonction de père et de mère. Ton moteur, c'est de montrer au boss que tu es bon, sans intermédiaire entre vous.

H. : Père et mère oui, j'ai toujours été en relation professionnelle avec une femme de plus de 40 ans.

P. : Avec Juliette, tu avais eu l'expérience d'une relation intime, mais ça n'a pas duré, car tu t'es senti en danger. Au travail, tu arrives à fonctionner avec les femmes de cet âge.

H. : Cela a évolué. Au début, c'était compliqué. Aujourd'hui, j'ai changé de mode de fonctionnement, je ne reste pas dans la posture d'enfant, j'arrive à collaborer.

P. : Tu passes par l'affectif et tu peux te comporter en Don Juan sur ce terrain, mais aujourd'hui tu arrives à mettre du contenu. Tu es un gars qui assure, tu n'es plus seulement dans l'affectif.

Chapitre 8
La réconciliation avec le corps

Hugo a longtemps malmené son corps. Comme lui, nombre d'adolescents se lancent dans le sport, sans accompagnement. Le corps est alors réduit à la performance sportive, avec ce vieux fonds judéo-chrétien qui affirme que se dépasser physiquement permet de gérer ses pulsions. Je me souviens que dans mon collège tenu par les Jésuites, il fallait courir après le déjeuner pour ne pas avoir de « mauvaises pensées ». Les jeunes comme Hugo cherchent à se conformer à un idéal du moi, tapissent les murs de leur chambre de posters de sportifs de haut niveau, s'investissent dans la compétition et se shootent à l'adrénaline, mais sans aide pour franchir l'étape d'après.

Survient la première rupture, le jeune se rend compte qu'il ne sera jamais champion du monde, il se fracture un membre ou alors, comme pour Hugo, son cadre familial s'effondre et il se retrouve démuni tout en gardant ce moteur de l'adrénaline, d'où le recours à la drogue et à l'alcool qui remplacent le sport intensif. Le jeune continue dans le sport ou il réussit à s'impliquer dans ses études dans un esprit de compétition. Mais, il peut aussi s'effondrer.

Avec Hugo, nous avons abordé ce travail sur le corps quand il s'est retrouvé désœuvré loin de chez lui, à Clermont-Ferrand et à Angers. J'ai senti qu'il y avait un manque lié à l'arrêt de l'alcool et de la fumette. Quand il travaillait à Clermont-Ferrand, il rentrait chez lui pour dormir. Ensuite, quand il est parti pour Angers, je l'ai rebranché sur le sport. Il était en train de se réinsérer professionnellement, mais, en dehors du boulot, il ressentait un profond vide.

Il y a donc eu ce passage au sport pour gérer ce vide, et parallèlement un travail pour retrouver du sens, notamment dans sa relation avec une femme. La démarche a consisté à le reconnecter à tout ce qui pouvait représenter le sens de la vie. Il s'est remis au sport notamment au surf avec des voyages à la clef.

Pour réintroduire le sport dans sa vie, je lui disais : « Enfile une paire de baskets et va courir ! ». Ce qu'il faisait. J'ai été attentif à la nécessité pour lui de stabiliser trois aspects de sa vie : son métier, sa vie affective et son rapport au corps.

***

P. : Que pourrais-tu dire de ton rapport au corps ?

H. : Petit, j'ai fait beaucoup d'eczéma, sur tout sur le corps, pas sur le visage. Je ne m'en souviens pas, on m'en a parlé. Je pleurais beaucoup et on pensait que c'était lié à cet eczéma.

Je suis né assez gros — quatre kilos à la naissance —, une belle boule. Sur les photos, je ne me trouve pas beau, au moins jusqu'à l'âge de 3-4 ans.

D'après ma mère, l'accouchement a été facile. Quand mes parents sont arrivés à la maternité, il a fallu attendre. Mon père est allé chercher un sandwich et quand il est revenu, j'étais né.

Ensuite, à partir de 5-6 ans, je suis devenu un petit blond pas mal. De six ans jusqu'à treize-quatorze ans, j'étais passionné de skate-board, j'avais le gabarit pour ça. Je ne suis devenu grand qu'à l'âge de quinze ans.

Mes frères m'ont mis sur une planche de skate-board très tôt, eux en faisaient un peu. Très vite, j'ai été mordu, c'était passionnel. J'en faisais tous les jours, dès que je pouvais. Quand on m'a offert une planche, j'ai pleuré et j'ai dormi avec.

J'adorais la sensation de glisse, la performance. J'aimais bien le bruit de la planche, les sauts, les sensations que ça me procurait, et quand tu es doué pour le skate, tout le monde te regarde. J'empilais les planches les unes sur les autres pour sauter par-dessus. Dès que j'arrivais à sauter une planche de plus que la veille, j'appelais mes frères et ma mère. Elle en avait assez de devoir me regarder à chaque fois. Il y avait un côté « exploit ».

P. : Pourquoi l'exploit sur une planche plutôt que le vélo ou le tennis ? Tes copains faisaient du skate ?

H. : Nous n'étions que deux à en faire. Les autres pratiquaient plutôt des sports collectifs. Ma mère voulait que nous soyons tous les trois inscrits dans un sport. J'ai déjà raconté que je m'étais inscrit au tennis, mais je pleurais dans la voiture pour ne pas y aller. Ma mère ne savait pas si je pleurais parce que je ne voulais pas la quitter ou parce que je ne voulais pas faire un sport inconnu avec des inconnus. Au tennis, je m'ennuyais. Le basket, je n'ai pas aimé, le foot non plus.

P. : On peut penser que tu faisais corps avec la machine. Si on te proposait un autre sport, tu pleurais. Tu étais vraiment attaché au skate.

H. : Tous les étés, dès 5-6 ans, quand nous partions en vacances en Bretagne, je faisais du bodyboard. Mes frères m'emmenaient dans l'eau. Je restais scotché dans les vagues. Ma mère me raconte encore que je restais des heures d'affilée dans l'eau et que j'en sortais bleu de froid.

Je partais sur mon vélo tôt le matin avec ma planche, je regardais s'il y avait des vagues. Je partais tout seul ou avec mes frères, un copain, un cousin. Ensuite est venu le surf.

P. : Tu communies avec la machine, dans un sport qui n'est pas considéré comme un sport.

H. : À l'époque c'était un sport de voyou. Aujourd'hui, c'est une épreuve aux J.O., comme le surf. Jusqu'à 12-13 ans, je voulais en faire mon job. À 15 ans, j'ai atteint un bon niveau en skate-board, puis je me suis blessé sur la fin. Ma chambre était tapissée de posters de skateurs et de surfeurs. Je me souviens qu'à 14 ans, j'avais privatisé un skate-park en Belgique où j'avais invité trente copains : un complexe de mille mètres carrés pour nous seuls ! Nous y étions allés en bagnole, chacun avait payé cinquante euros pour faire du skate pendant quatre heures. J'en garde un souvenir génial !

P. : Sur le plan théorique, je peux dire que tu es dans l'idéal du moi, tu entraînes tes copains dans un sport marginal. C'est intéressant, cette idée de sport de voyou.

H. : Oui, c'est un sport de la rue. Je me souviens qu'on sautait les marches de la D.D.E. à Lille, on se faisait engueuler par les passants. On avait le goût du risque. À l'époque, on avait rencontré les élus de Bondues pour que la ville nous aménage une rampe de skate. Avec un groupe de mecs plus âgés, on allait aux réunions. On a obtenu ce qu'on voulait.

P. : Tu ne choisis pas les sports à la mode, le tennis, le foot…

H. : Le foot est venu après, avec les copains. Jusqu'à 14-15 ans, c'était le skate et le surf. Pour mes dix ans, on m'a offert une planche de surf, trop grande.

C'était incroyable ! Au-delà de la sensation forte, je ressentais un sentiment de bien-être formidable.

P. : Mieux que les filles ?

H. *(sourire)* : Quasiment.

P. : Tu as eu des accidents ?

H. : En skate, je me suis fait un peu mal, rarement des

fractures. J'ai surtout grandi d'un seul coup, très vite. En un an, j'ai pris 15 à 20 cm. Je me suis alors fait huit entorses en foot en salle, quatre de chaque côté. J'adorais ce sport, c'était intense !

P. : Il faut que ce soit intense et rapide ?

H. : Intense mais pas forcément rapide. Au surf, il faut parfois attendre un bon quart d'heure que la vague arrive.

P. : A quatorze ans, tu es un champion de skate et de surf, tu as toute ta bande autour de toi, pourquoi ne deviens-tu pas entraîneur ? Tu aurais pu en faire ton métier ?

H. : Je ne sais pas. Quand j'ai arrêté le skate, j'étais en pleine bourre. Je venais d'avoir ma mobylette, je partais rejoindre les copains. C'est à ce moment-là que j'ai commencé à partir dans la découverte de la fumette, de l'alcool et des filles. Auparavant, il n'y avait rien de tout ça dans ma vie.

P. : Pourquoi n'as-tu pas choisi la compétition ?

H. : C'est au moment où j'atteins le meilleur niveau que tout s'écroule ; je fais le lien maintenant. Mon père quitte la maison, ma mère pleure, tout le schéma familial s'effondre. Je bascule ! Mon corps avait pris vingt centimètres, mon centre de gravité s'était déplacé.

P. : Sur le plan théorique, tu fais face à ta blessure narcissique secondaire — l'effondrement. Tu n'atteins pas ton idéal du moi et tout s'écroule. Ce qui te fait retomber dans ta blessure narcissique primaire : tu sens un vide profond.

H. : J'ai arrêté le skate du jour au lendemain, en même temps que mon corps se métamorphose, je découvre la fête, les excès.

P. : Tu utilises ton corps autrement. Il y a un basculement. Ton corps n'est pas un objet de compétition.

H. : À cette époque, je n'étais pas très à l'aise avec mon corps. J'étais plus grand que la moyenne, ni gros ni maigre, pas très musclé. Je chaussais du 46, mais j'achetais des chaussures plus petites.

P. : Tu deviens surdimensionné, anormal, ton corps t'embarrasse.

H. : La pire période de ma vie, c'est le jour où le dentiste m'a fait porter des bagues dentaires, j'avais 16-17 ans, juste au moment où je découvrais les filles…

P. : Et là, tu sombres dans l'alcool.

H. : Je ne sombre pas, je vis, mais je me nourris de ça. Je fais comme tous mes copains à ce moment…

P. : Tu prends des substances qui te permettent d'oublier ton corps, tu ne supportes plus ta réalité.

H. : Je continue le sport, je fais du foot comme un malade et je me blesse. Entre 17 et 22 ans, je me blesse tous les trois mois, à chaque fois je reprends les béquilles.

P. : Tu n'arrives plus à gérer ton corps. Tu te blesses régulièrement et tu ne fais plus de skate.

H. : La seule fois où je suis remonté sur un skate, il y a trois ans, en 2016, je me suis cassé les coudes. J'étais sûr de mon coup et je n'ai pas tenu compte du déplacement de mon centre de gravité.

J'avais arrêté le skate, mais je continuais le surf, de manière périodique ; j'en fais toujours et j'accélère la cadence dès que je peux, une semaine, quinze jours. Après le foot, à 20 ans je ne faisais quasiment plus de sport. Je me suis laissé embarquer par mon boulot chez Kazio qui me prenait beaucoup de temps. Quand j'ai quitté Lille pour Clermont-Ferrand, j'ai perdu cinq kilos en six mois. Je pesais 73 kg pour 1,92 m. Aujourd'hui, je suis à 87 kg. Quand je rentrais à Lille, j'avais les joues creusées, je bossais comme un malade. Je mangeais mal et je n'avais aucune activité sportive. Avec le rythme de la grande distribution, mon corps s'était un peu affaibli, je continuais la fumette et je m'anesthésiais.

Ça a duré un certain temps. Quand je suis rentré chez Imobilio, j'ai retrouvé un équilibre. J'ai compris que ces trois dernières années, j'avais malmené mon corps et j'en avais marre de me blesser. Peu à peu, j'ai ralenti le rythme de mes excès. Du coup, j'ai vraiment pris conscience de mon corps, de la taille de mes membres. J'ai repris une activité sportive très régulière et toujours intense. Je me suis lancé dans le Crossfit, une pratique qui regroupe beaucoup de disciplines : gymnastique, endurance, souplesse, mobilité, force, etc.

P. : Un travail individuel ?

H. : Oui, pour la performance. En revanche, l'état d'esprit est très collectif, c'est une communauté assez étonnante.

P. : C'est intéressant de noter que ce n'est pas le sport qui t'a permis de te remettre debout, mais quand tu es debout, tu as besoin du sport. Dans l'entretien de ton corps, tu as besoin de te dépasser. Il y a là quelque chose de solitaire, et tu y retrouves la sensation du skate.

H. : Ce midi, j'étais dans mon club qui fêtait la première année d'existence de la salle. Pour l'occasion, avait été organisé un petit événement : nous étions répartis par équipes de quatre pour faire les mêmes exercices, toujours très intenses. Les trois coachs de la salle m'avaient pris dans leur équipe. Au début, j'avais un peu peur de ces athlètes. En fait, j'ai été très bon sur les poids, le rythme, tout a bien marché.

Aujourd'hui encore, j'ai besoin de cet esprit de compétition. Si on me fait faire un exercice tout seul, je vais me démotiver, je ne vais pas y arriver, ça va me gonfler, je risque d'arrêter. Alors que quand je suis coaché, accompagné ou observé, je me surpasse ! Au skate, je pouvais m'entraîner, mais dès que ça devenait un peu spectaculaire et que quelqu'un me regardait, je me surpassais. J'ai toujours eu ce mode de fonctionnement.

P. : Tu te surpasses pour dépasser les autres dans un sport nouveau, original, où tu peux montrer que tu es le meilleur.

H. : Je suis loin d'être le meilleur, ce qui me laisse au contact de l'humilité. Dans tous les sports, il y a toujours quelqu'un de plus fort que moi, ce qui permet de garder les pieds sur terre. Je n'ai pas la sensation de vouloir être le meilleur, mais plutôt d'être à la hauteur. J'ai besoin d'être coaché, de vérifier si les mouvements ont été bons. J'aime bien qu'à la fin le coach me dise : *C'est bien, tu as assuré.*

P. : J'observe chez toi cette fragilité : tu ne peux entrer en compétition qu'à l'intérieur d'un cadre stable. Il faut que tu te sentes rassuré pour te défoncer physiquement.

H. : Oui, c'est clair.

P. : Tu étais en compétition avec tes deux frères, tu voulais montrer que tu assurais…

H. : Oui, bien que Thomas ait toujours été meilleur que moi dans tous les sports, foot, tennis. Il est étonnant ! Il a été très bon en skate et ensuite je suis devenu meilleur que lui, car il avait arrêté. Aujourd'hui, il m'épate au golf, mais je n'ai pas envie de le battre. Il faut juste que je m'améliore. Je l'ai emmené au Crossfit, il a détesté, ce n'est pas son truc. Dans cette discipline, je sais que je suis plus endurant, plus fort, mais lui est doué pour les sports d'adresse, comme le foot, le golf ou le tennis. Il est monstrueux ! Mon frère aîné, lui, c'est le plus carré, le plus costaud, mais il n'est pas sportif. Il s'est mis au Crossfit, mais là, je suis plus fort que lui.

P. : Depuis quand pratiques-tu le golf ?

H. : J'en fais sérieusement depuis cette année. J'ai pris deux cours ce que je n'avais jamais fait avant et je commence à accrocher, je joue mieux. J'ai fait trois compétitions. C'est psychologiquement éprouvant, mais ça m'intéresse. C'est calme, on se balade… Quand je rentre, je suis zen, ça me détend.

P. : Quel lien ferais-tu entre le skate et ton père sur scène dans un solo de guitare ? Quand tu faisais du skate, ressentais-tu les mêmes sensations ? Quand tu as 10-12 ans, tu bascules dans le skate, pas dans la guitare.

H. : En guitare, il y a des rushes, des solos. En skate et en surf aussi. Le but est d'enchaîner les manœuvres pour obtenir quelque chose de beau, de fluide. Quand j'enchaîne une superbe vague avec plusieurs manœuvres, c'est un peu comme un solo de guitare.

P. : C'est intéressant de constater que quand tu as douze ans, ton père représente ton idéal et il te dégoûte de la guitare. Comme s'il était incapable de te transmettre la manière dont lui-même avait appris à jouer, en autodidacte.

H. : Il m'est arrivé de croiser cinq ou six élèves, issus de toutes générations qui avaient pris des cours avec lui. Ils me disaient que mon père n'était pas pédagogue. Il y a même des parents qui racontent que leur enfant n'osait pas descendre de sa chambre pour prendre son cours de guitare…

P. : Du coup, tu as suivi le modèle de ta mère qui vous poussait à faire du sport ?

H. : Ma mère avait une règle : Nous pouvions nous inscrire dans n'importe quel sport, mais il fallait s'y tenir.

P. : En faisant du skate, tu te marginalises en restant dans le désir de ta mère et en étant rejeté par ton père, mais dans le skate tu trouves l'intensité d'un morceau de musique ?

H. : J'avais commencé le skate bien avant. Je disais à ma mère de me laisser faire du skate tous les jours. Le mercredi après-midi, j'en faisais quatre heures d'affilée, c'était un sport épuisant ! Je pense que ma mère voulait me voir inscrit dans un club sportif pour l'esprit d'équipe, le lien social. Si demain j'ai des enfants, j'essaierai de faire émerger leur passion. J'ai détesté le cadre du foot : les matches le samedi, l'ambiance dans les vestiaires…

P. : Tu as un côté solitaire plus que collectif. Tu choisis un sport solitaire plutôt que d'entrer dans le collectif où tu n'es qu'un élément dans le système. Même dans ton boulot, tu es solitaire.

H. : Oui, et en même temps je fais tout pour que ce soit collectif, qu'on travaille ensemble. Mais je suis confronté à des blocages.

P. : Tu choisis donc un sport individuel, original ; tu associes des copains pour le pratiquer et tu deviens le leader du groupe.

Pour en revenir à ton corps, que fais-tu quand tu es malade ?

H. : Je me plains beaucoup, je crois que je vais mourir.

P. : Nous avons déjà parlé de ton eczéma, as-tu le souvenir d'un corps malade ?

H. : Non, mais je me souviens que j'étais inquiet de l'évolution de mon corps quand j'avais 14-15 ans. J'avais peur de ne pas devenir un homme, je cherchais les poils et je n'en trouvais pas. Un jour, c'est venu, mais j'avais une vraie inquiétude quant à ma virilité. À l'école, il y avait des garçons de 12-13 ans qui étaient déjà pubères. Pour moi, c'est arrivé tard.

P. : Tu étais inquiet quant à ton identité de mec ?

H. : On ne m'expliquait rien, ni ma mère, ni mon père. Mes frères se moquaient de moi, ils ont joué avec ça.

Je n'ai pas vécu une puberté ingrate, et pas eu d'acné ; j'ai eu de la chance. Ça s'est fait rapidement, en six mois. Quand j'ai mué, ça n'a pas été flagrant. La transition a été très rapide. C'est drôle, je croise des gens aujourd'hui que je n'ai pas vus depuis longtemps et qui me disent : *C'est dingue, ce que tu es grand !* Alors qu'ils m'ont connu déjà grand…

J'avais de grands pieds, de grandes mains. Parfois, quand je regarde des photos, je trouve que ma tête ne convient pas à mon corps. Pour moi, le corps s'arrêtait à mon visage. Je n'ai jamais aimé que l'on me dise que j'étais grand, ça me gavait. Je me trouvais différent, trop grand, j'avais l'impression de ne pas être dans la norme. Quant à ma tête, je l'ai un peu abîmée.

J'ai une cicatrice sur la joue qui remonte à une journée de chasse en Belgique. Nous étions en famille, j'avais sept ans. Les chasseurs buvaient un coup dans la maison de chasse, et nous, nous jouions dans le champ d'en face, séparés d'eux par une route. J'étais en train de passer sous les barbelés pour aller ramasser les plateaux de balltrap. Au moment où je soulève le fil de fer, un copain se met à gueuler : *Attention !* Une voiture arrivait assez vite, j'ai lâché le barbelé et il m'est revenu dans la joue. Ce jour-là, je n'ai pas été recousu. Je me souviens d'une photo où je suis juché sur les épaules de mon père, avec une balafre sur la joue, et j'essaie de lécher ma blessure… Accessoirement, j'aurais dû être recousu…

J'ai aussi une cicatrice sur le front : nous jouions à Colin-Maillard, j'avais les yeux bandés, les autres m'appelaient depuis la maison. J'ai couru et je me suis violemment cogné dans le pilier en bois du porche. Là, on m'a recousu. Plus tard, à dix-sept ans, je faisais du snowboard et je me suis claqué la tête très fortement contre la glace, j'ai perdu connaissance et eu un trauma crânien. Pendant trois ou quatre heures, j'ai perdu la mémoire. Quand je suis rentré, je pleurais, je ne me souvenais de rien. Ma mère m'a emmené à l'hôpital. Je me souviens maintenant que mes crises d'angoisse ont commencé six mois ou un an après.

P. : En théorie, ce genre de choc cérébral peut réveiller d'anciennes mémoires ou modifier l'équilibre du cerveau. C'est un moment de désorganisation cérébrale, en pleine adolescence, alors que tu quittes ton idéal du moi pour te confronter à une sorte de désamour. Il y a l'effondrement, la blessure narcissique secondaire et une phase de déconstruction. Dans cette période du lycée jusqu'à l'I.U.T., tu tâtonnes. Tu vis des dérives et tu as des crises d'angoisse…

On peut conclure que ton corps n'existe pas. Tu ne l'utilises que pour la performance, comme les sportifs de haut niveau qui ne jurent que par l'adrénaline et qui sont dans le déni du corps au point de le maltraiter. Tu es alors dans une phase de toute-puissance sur ton corps et tu as un rapport agressif avec lui. L'essentiel, c'est l'adrénaline ; ton corps devient le moyen d'atteindre une sorte de plénitude.

H. : Aujourd'hui, je commence à me réconcilier avec mon corps. Après avoir été longtemps mal à l'aise. Mon chemin depuis trois-quatre ans est de ne pas me violenter, de faire attention dans la performance. Je me suis percé les tympans au surf. Je me suis cassé les coudes en skate, j'ai eu dix entorses au foot, je me suis fracturé les métatarses en jouant au volley dans le jardin, je me suis fait une entorse du genou au ski… Sans compter les hématomes multiples aux tibias en faisant du skate.

Quand je me suis cassé les coudes, c'était violent, c'était une bêtise. Je me suis dit que là, je dépassais les bornes. Il y avait quelque chose que je n'avais pas compris… J'ai refait le chemin, j'ai compris que je n'avais pas conscience de mon corps. J'ai donc décidé d'en prendre soin. Cela passait forcément par un renforcement musculaire. Aujourd'hui, depuis six mois, un an, c'est génial. Rétrospectivement, je constate que mes performances sportives étaient limitées par mes excès; quand je fumais dix clopes par jour, j'étais très essoufflé en courant. Quand j'avais bu la veille, je risquais de me blesser. Petit à petit, j'ai inversé la tendance. Je ne bois quasiment plus, je fume beaucoup moins, je préfère une séance de sport à un rendez-vous arrosé avec les copains. C'est dur à gérer socialement, mais je sens mon corps évoluer, je prends du poids, je me sens mieux dans mes baskets, plus à l'aise. C'est nouveau.

P. : La prochaine étape, ce serait de faire des massages, par exemple, d'aller plus volontiers dans le « Je me fais du bien ».

H. : Je ne suis pas encore là-dedans. J'ai commencé la sophrologie. Méditer me demande beaucoup d'efforts, il me faut un guide, un coach.

P. : Tu en as déjà un peu parlé à propos de ta relation aux femmes, mais tu restes très pudique sur le rapport sexuel au corps. Plus jeune, avant Jade, tu considérais les femmes comme des objets, tu recherchais la sensation, comme au skate, mais l'autre n'existait pas. Avec Jade, c'est touchant, tu es dans l'acceptation de l'autre.

H. : Oui, du coup, nous faisons plus rarement l'amour, c'est la première fois que ça m'arrive. J'ai l'impression que ce ne serait pas juste, comme si nous n'étions pas prêts. Au début, quand nous nous sommes retrouvés, il y a eu l'excitation physique de redémarrer une relation et puis ça s'est arrêtée assez rapidement. Nous nous connaissions depuis quinze ans.

Aujourd'hui, il y a de la tendresse entre nous, nous sommes très attentifs l'un à l'autre, ça ne se passe pas au niveau du corps pour l'instant. Mais quand ça arrive, c'est génial, très différent, très pur.

Rien à voir avec ce que j'ai connu avant, ni avec ce que disent certains au quotidien, genre : « Si tu ne fais pas l'amour tous les deux jours, c'est que tu n'es pas amoureux de ta femme ». La plupart n'en parlent pas ou mentent à ce sujet. Si je leur dis ça, ils vont me regarder avec de grands yeux, ce qui pourrait m'amener à douter de ma normalité. Alors qu'en réalité, j'ai de la chance : il n'y a pas de déséquilibre. Aucun de nous deux est plus en demande que l'autre.

P. : Contrairement à ce qu'on croit, l'acte sexuel n'est pas le début de l'amour, mais la consécration de la relation. Ta génération est confrontée à cela, quand vous avez fait le tour de la sexualité et que la relation avec les filles n'est que physique, il n'y a plus de désir. Si vous vous consacrez à une seule fille dans la durée, l'euphorie dure environ deux ans (l'endomorphine), ensuite la relation amoureuse se construit.

Chapitre 9
En chemin vers une relation Amoureuse

L'intérêt du témoignage de Jade, la compagne d'Hugo, est de montrer ce que signifie aujourd'hui « construire une relation amoureuse ». D'autant plus intéressant que tous les deux, dans leur vie antérieure, ont tout de suite démarré une relation par l'aspect sexuel, l'illusion de la fusion. Tous les deux ont vécu intensément tous les dysfonctionnements liés à la fusion : violence, perversion, manipulation. Aujourd'hui, ce couple est revenu au point de départ de toute relation à savoir le respect la courtoisie et l'amour fraternel. Nous prenons alors soin de l'autre, mais nous ne cherchons plus la fusion et nous nous respectons. La sexualité vient seulement en arrière-plan. Ils se sont engagés dans l'amicalité, ont cherché la réciprocité, ont accepté de faire un travail sur soi l'un et l'autre.

Grâce à une mise en paroles de ce qu'est la relation amoureuse, ils ont pu débusquer tout ce qui était contaminé par leur schéma familial. Tous deux sont issus de parents divorcés : un père machiste, dépendant de l'alcool, de l'argent et des femmes ; une mère soumise et maltraitée qui se réalise dans la relation fusionnelle avec ses enfants. De ce fait, ils ont réussi à repérer ce qui, dans leurs propres dysfonctionnements, relevait de leur schéma parental et non de l'autre.

Cette mise en mots a été rendue possible par la triangulation. Mon rôle de médiateur permet à chacun d'exprimer ce qu'il vit individuellement et en couple. Quand j'accompagne Jade, j'accompagne le couple et la relation de Jade au couple. Avec Hugo, il s'agit plus d'un travail individuel et je le suis depuis longtemps. Au début, il y a un an et demi, Jade était mutique ; elle se réfugiait dans sa relation fusionnelle avec son chien et son engagement pour le monde animal. Aujourd'hui, sa parole se libère.

Tous deux ont pris leurs distances vis-à-vis du milieu familial, mais ils sont encore dans l'inconnu. Au cœur même de la routine quotidienne, ils arrivent à donner du sens à leur vie et à rêver. Au début de leur relation, ils allaient partir dans la fusion, l'un et l'autre étant séduits par le « conte de fées ». Mais la triangulation a permis d'éviter le conte de fées en les menant dans la réalité.

***

P. : Qu'as-tu envie de dire à propos de ta relation avec Hugo ?

Jade : Cette relation représente quelque chose de totalement nouveau par rapport à tout ce que j'ai pu vivre dans le passé. Ça m'a fait un peu peur, au début, j'entrais complètement dans l'inconnu.

C'est une relation hyper saine, consciente. Dès que

nous sentons un moment de tension, nous réussissons à dialoguer et nous nous expliquons pourquoi nous sommes tendus dans l'instant, en lien avec les angoisses du passé que nous avons vécues. Nous vivons une relation en pleine conscience. Autrement dit une relation qui n'est pas guidée par la passion, par nos émotions. C'est une relation stable et saine.

Auparavant, je pensais qu'il fallait de la passion, aujourd'hui je pense que non. En fait, quand je suis dans la passion, comme ce que j'ai vécu dans de précédentes relations, je reste dans cette phase passionnelle pendant six mois, un an, un an et demi, et quand ça décroît, l'un et l'autre commencent à se poser des questions : *Est-ce que je l'aime ?*

La passion signifie que l'on est dominé par ses émotions. C'est ce que j'ai vécu, j'avais besoin d'être rassurée. Quand je suis revenue du Pays basque, brisée en mille morceaux parce que j'avais été trompée, j'ai essayé, en raison de ce que je connaissais avant, de retourner dans une phase passionnelle avec Hugo J'avais besoin d'être rassurée, sécurisée. Et en fait, Hugo a mis le holà, grâce à son travail de développement personnel, en disant qu'il ne voulait pas rentrer là-dedans. Il voulait quelque chose de plus stable, de plus simple.

P. : Pourquoi l'as-tu accepté ? Pourquoi ne t'es-tu pas dit que ce n'était pas de l'amour ?

Jade : Au début, j'ai eu peur de l'inconnu, peur du jugement des gens sur cette nouvelle forme de relation. Quand nous en parlons à d'autres personnes, ça peut faire peur, ça peut leur sembler bizarre. Ils se posent beaucoup de questions parce que ça leur apparaît comme quelque chose de tout nouveau.

P. : Quel a été le déclic qui t'a fait accepter ce mode de relation non passionnelle ? Tu aurais pu penser qu'il ne t'aimait pas.

Jade : C'est un peu ce que j'ai pensé au début. Du coup, quand nous nous quittions, j'étais un peu triste. J'avais l'impression de quelque chose qui n'allait pas naître ou pas continuer.

Je ne sais pas s'il y a eu un déclic. Finalement, Hugo a trouvé les bons mots pour que je comprenne petit à petit la démarche et faire en sorte que moi aussi je l'enclenche. Il m'a fait comprendre que nous pouvions construire une relation plus saine et plus durable. C'est-à-dire une relation au sein de laquelle aucun des deux ne prend le pas sur l'autre. Cela se voit souvent dans beaucoup de relations amoureuses où il y a un leader. Là, j'ai l'impression que nous avons tous les deux notre place dans la relation. Nous avons tous les deux le droit de parler, de nous exprimer. Aucun des deux n'essaie de manger l'autre.

P. : Tu te sens respectée, reconnue dans ton identité, alors que dans la passion tu ne te sentais pas exister.

Jade : Je m'en rends compte aujourd'hui, je ne le savais pas avant. C'est ce qui me permet de faire le bilan de mes précédentes relations. Elles n'étaient pas équilibrées. J'étais toujours un peu dans des relations de dominance, avec un dominant et un dominé. Quand on se laisse guider par ses émotions, il y a toujours un moment où on va faire une rencontre qui va re-déclencher quelque chose de passionnel. On pourrait recommencer ce chemin tous les deux ou trois ans, c'est peut-être même ce qu'il y a de plus facile… C'est autre chose d'essayer de construire une relation durable. Quand avec Hugo, nous avons décidé de commencer une relation, il y a presque trois ans, j'avais peur de cette façon de procéder, de son ouverture en pleine conscience. J'avais l'impression qu'il s'empêchait de vivre certains moments parce qu'il réfléchissait trop ; c'est ce que je croyais. Aujourd'hui, cela me rassure.

P. : Avant, tu pensais qu'il coupait les cheveux en quatre, tu pensais qu'il suffisait d'aimer.

Jade : Oui, comme beaucoup de personnes aujourd'hui. Les copains qui ne cherchent pas à creuser plus loin pensent que nous nous posons trop de questions. Maintenant que j'ai accepté d'ouvrir la relation et d'entrer dans son quotidien et dans ce travail personnel qu'il a entrepris, ça me rassure. Surtout quand je regarde mon passé : j'ai été trompée par des hommes qui se laissaient guider par leur passion. Aujourd'hui, je me dis qu'Hugo a une réflexion plus poussée là-dessus, c'est devenu quelque chose de plus rassurant.

P. : Que disent les copains quand ils vous voient tous les deux ?

Jade : Je pense que les hommes n'ont pas la même réaction que les femmes. Mes copines trouvent plutôt que j'ai de la chance d'avoir un copain qui se pose beaucoup de questions. Aller voir un coach à deux, non pas pour régler des problèmes, mais pour continuer à évoluer ensemble, c'est peu commun. Pourtant, voir quelqu'un quand tout va bien, c'est mieux que quand tout va déjà trop mal. Les hommes, avec leur côté un peu macho, ne comprennent pas trop ce mode de fonctionnement. Ils sont encore souvent dans les soirées alcoolisées, la destruction.

Même dans le quotidien, nous avons un mode de fonctionnement particulier. Hugo a une démarche très féminine, et moi une démarche très masculine. Dans un moment de tension ou de conflit, c'est lui qui va tout mettre à plat et moi qui vais avoir tendance à me renfermer. Des copines me racontent que dans les moments de tension avec leur copain, ça peut partir très vite en engueulade, voire en insultes. Nous ne voulons pas de ça chez nous, ça abîme. Même s'il y a réconciliation, ça fragilise la relation. Quand mes copines vivent cette situation de conflit, il n'y a pas toujours de discussion ensuite et l'engueulade est quasiment enterrée. Si le sujet revient entre eux, il y aura une nouvelle explosion, donc le sujet est évité. Ils se réconcilient en changeant de sujet et du coup, il reviendra deux mois plus tard. Avec Hugo, nous en discutons aussitôt, donc le sujet ne sera pas remis sur le tapis.

P. : Sur quels sujets peut-il y avoir des tensions entre vous ?

Jade : Ça tourne souvent autour de la famille, par exemple sur le fait de trop la voir. Nous sommes parfois un peu envahis par la famille.

P. : Des deux côtés ? Vous avez des liens forts avec vos familles.

Jade : Oui, nous avons des familles similaires. Des pères et des mères identiques.

Les pères n'ont pas été très présents dans l'éducation. Ils sont d'ailleurs tous les deux amis, ils se sont connus au bistrot. Ce sont plus des pères copains…

P. : Avec parfois des dérives alcooliques. Ce sont des pères que tu n'aimerais pas avoir pour mari, ils n'incarnent pas un modèle que tu apprécies. C'est d'ailleurs un de vos points communs avec Hugo : ils représentent un type d'homme que tu ne supportes pas, Hugo non plus. Et les mères ?

Jade : Nos mères sont très présentes, aimantes, elles veulent le meilleur pour leurs enfants. Elles le veulent tellement que c'est une façon pour elles de s'oublier. Elles donnent tout à leur enfant, mais du coup, en donnant tout, elles peuvent avoir des déceptions. Elles donnent tout le temps tout et ne reçoivent pas beaucoup par rapport à ce qu'elles donnent.

P. : Tu ne voudrais pas être comme ta mère ?

Jade : Je lui ressemble sur beaucoup de points. Je sais

qu'il y a des choses que je reproduis et sur lesquelles je travaille pour m'en éloigner. J'ai toujours été habituée au peu de place de la femme dans un univers très macho. Ma mère a toujours connu des hommes qui lui laissaient peu de place, que ce soit mon grand-père, mon père. Moi, il faut que je fasse attention à bien prendre ma place, à ne pas m'effacer pour aider à l'accomplissement de la personne qui partage ma vie.

P. : Pourquoi veux-tu *prendre ta place?* Ta mère est peut-être heureuse ainsi.

Jade : Chacun fait sa vie comme il l'entend. Je n'ai pas envie de reproduire le même schéma.

P. : De ce fait, dirais-tu que, dans la relation avec Hugo, tu as du mal à savoir quelle est ta place en tant que femme ? Car tu ne veux pas être comme ta mère et tu as quand même tendance à être comme elle.

Jade : Avec Hugo, j'ai appris petit à petit à ne pas endosser le rôle d'une femme mère. C'est ce que j'aurais tendance à faire, prendre en charge la lessive, le ménage. Aujourd'hui, ce n'est plus le cas, c'est même peut-être lui qui fait plus de lessives que moi… Je ne sais pas me servir d'un fer à repasser, la dernière fois que j'en ai touché un, je l'ai cassé.

P. : Est-ce que tu disposes d'une autonomie financière ?

Jade : Actuellement, je ne l'ai pas. Au début de notre relation, j'avais mon autonomie financière, je travaillais dans une agence de communication. Ensuite, j'ai quitté mon job pour me lancer dans ce que j'aime faire, poussée et encouragée par Hugo C'est ainsi que j'ai lancé mon projet, « La Gamelle de Colette », dans lequel je me sens bien. Maintenant que le projet est sur les rails, je pense à reprendre un job salarié, pas forcément à temps plein, pour avoir encore du temps à consacrer à mon projet. Car c'est ce qui m'anime aujourd'hui.

P. : Dans ton histoire, tu as connu des hommes qui ressemblaient à ton père, et aujourd'hui tu vis avec un homme qui lui est opposé. Pour ce qui est de ta mère, c'est encore fragile, tu pourrais basculer dans la dépendance financière, comme ta mère. Hugo et toi, vous tâtonnez dans la construction d'une relation contraire à vos modèles familiaux.

Jade : Oui, Hugo est à l'opposé du modèle paternel. J'ai des copines qui se plaignent de leur conjoint. Je leur réponds qu'elles ne sont pas menottées, qu'elles ne vivent pas en cage. Je leur dis : *Si ça ne te satisfait pas, tu peux partir.* Auparavant, je pouvais être aussi un peu dans ce mode de fonctionnement, mais Hugo m'a dit qu'il ne voulait pas de ce type de relation. Quand j'y repense, je me dis en voyant les copains de certaines de mes amies qui sont encore dans l'alcool, la drogue, que si Hugo était encore dans cette dynamique-là, la relation ne me conviendrait pas. Je lui dirais : *Merci pour ces années passées ensemble, mais j'arrête là.*

J'ai entendu ce qu'Hugo voulait, ce qu'il attendait de moi, et j'arrive petit à petit à changer. Finalement, quand je vois ma grand-mère occuper cette place de femme soumise, je me dis que si on ne s'assume pas financièrement, c'est difficile de se sentir libre.

P. : As-tu peur de ne pas avoir de statut social ? Les femmes des générations précédentes ont accepté une forme d'esclavage pour avoir un certain niveau de vie.

Jade : Oui, mais ce n'était pas la même époque. Du temps de ma grand-mère, on trouvait normal que les femmes ne travaillent pas. Dans ce milieu, ça tombait sous le sens. Ma grand-mère l'a insufflé à ma mère en lui disant qu'elle n'avait pas besoin de faire des études et ne l'a pas encouragée à passer le bac. Elle l'a incitée à se comporter comme elle avec son mari. C'était ça, leur ordinaire, celui de la femme au foyer. Ce n'était pas qu'elles ne *voulaient* pas travailler, c'était la nécessité de se conformer au modèle et d'obéir au mari macho. Quand j'y pense aujourd'hui, c'était bel et bien une façon pour les hommes de posséder les femmes, de prendre le pouvoir sur elles, de conserver leur emprise, en les gardant à la maison. Pour partir, il fallait beaucoup de courage.

P. : Ce que tu as connu auparavant avec les hommes et qui est une règle générale, c'est une relation qui commence par le corps et qui continue ensuite par le cœur, la passion. Alors qu'aujourd'hui, dans ta relation avec Hugo, tu passes au niveau de la connaissance intellectuelle. Dans votre relation, la priorité c'est la parole, la réciprocité, sans jugement de l'un sur l'autre. Vous prenez soin l'un de l'autre, vous parlez beaucoup entre vous. La parole plus que les jeux du corps.

Jade : Oui, beaucoup plus. C'est vrai que c'est simple parce que la discussion, la communication facilite tout. Voilà pourquoi il y a de la bienveillance et des encouragements dans le travail que nous faisons.

P. : Vous ne vous ennuyez pas ?

Jade : Non parce que nous exprimons aussi des envies pour plus tard, des projets. Nous nous nourrissons aussi de rêves et c'est tant mieux parce que c'est une découverte, c'est nouveau, avec beaucoup de simplicité.

P. : Ça ne crée pas d'anxiété chez toi ? Quand je t'ai rencontrée, tu étais une taiseuse. La première fois, il y a un an et demi, tu ne disais pas un mot. Et là, je vois ta facilité de parole.

Jade : Avec Hugo aussi j'avais des difficultés à parler. Aujourd'hui, si je m'exprime plus, c'est le résultat du travail que j'ai entrepris avec toi. Petit à petit, j'ai appris à me confier. Pourtant c'est encore compliqué pour moi de travailler avec un homme. Compte tenu de mon expérience des hommes, je n'avais aucune confiance en eux. Encore aujourd'hui, il y a des moments où je ne sais pas si j'ai vraiment envie de parler. Quand je me dévoile, aussitôt après j'ai envie de rebrousser chemin, j'y vais encore parfois à tâtons. Mais là, l'avancée est énorme. Mes copines m'ont toujours dit : *On ne connaît rien de ta vie, tu as toujours été un mystère.* Je suis la deuxième dans ma famille ; ma sœur a pris beaucoup de place, un peu comme le grand frère d'Hugo Je me suis toujours effacée naturellement, je suis une taiseuse.

P. : Quand tu as essayé de prendre ta place dans la vie, d'entrer en relation avec l'autre, quand tu t'es livrée un peu dans tes relations affectives, ça ne t'a pas réussi.

Jade : J'ai été humiliée. Dans certaines relations, j'ai été manipulée, trompée, bafouée, complètement dominée. D'ailleurs, j'ai commencé une première relation longue avec un homme totalement dominant, drogué. Ma sœur aussi a connu sa première relation avec un homme alcoolique, ce qu'elle a découvert après ; ça a failli produire un mariage…

P. : Il y a l'impact du père. Quand le père a des addictions, on trouve un conjoint qui ressemble au père, comme s'il y avait une fidélité à un certain type d'hommes. D'une certaine façon, tu as eu de la chance, tu as failli mourir.

Jade : J'avais cet automatisme. J'étais complètement dominée : quand je parlais, je savais que je pouvais me faire insulter, rabaisser.

P. : Tu avais connu Hugo au lycée, mais tu en avais choisi un autre.

Jade : On est « sortis » ensemble pendant deux semaines. Je ne lui avais encore jamais parlé et je lui avais écrit un petit mot, dans la salle de permanence, dans lequel je lui demandais s'il voulait sortir avec moi. Il avait répondu « d'accord », un jeu d'enfants en classe de quatrième…

P. : Pourquoi avoir engagé une relation avec lui ? Est-ce à cause de son physique ? Tu n'es jamais restée longtemps seule, comme si tu avais toujours besoin de quelqu'un pour te sécuriser. Quand tu as renoué avec Hugo, c'était pour avoir un mec dans ta vie. Quel était ton besoin si ce n'était pas sexuel ?

Jade : Un besoin d'échanges et de partage.

P. : Qu'est-ce qui fait que tu tombes dans les bras d'un homme, d'un prince charmant ? Quand on te dit que tu es belle, extraordinaire, que tu es « la femme de ma vie », c'est à ce moment que tu fonds.

Jade : Oui, c'est un peu le discours que les hommes peuvent me tenir.

P. : C'est le syndrome de la princesse de conte de fées, c'est là que tu te laisses embarquer. Ce faisant, tu réponds à la nostalgie de l'ailleurs : quelqu'un te propose de vivre « un Tout » et tu te laisses avoir. Tu as un côté princesse mystérieuse, très distante, tu n'es pas une femme qui drague.

Jade : Non, pas du tout.

P. : En femme mystérieuse, tu es la proie du prince charmant, et tu l'as trouvé, mais il est différent des autres. Tu aurais pu aussi t'éloigner.

Jade : Oui, il y a des moments où j'ai vraiment eu peur, où je me suis dit qu'il fallait que je m'éloigne : sur quoi étais-je encore tombée ? Est-ce que je n'allais pas encore me mettre dans quelque chose de compliqué, sans savoir sous quelle forme ? J'ai songé à m'éloigner. Au début, quand Hugo ne voulait pas se mettre en relation, j'ai essayé de me dire que je pouvais aller voir d'autres hommes.

P. : C'est impensable pour toi de vivre seule.

Jade : En soirée, je pouvais aller vers quelqu'un d'autre pour me convaincre que ce n'était pas bon d'être avec Hugo

P. : Il y a chez toi cette difficulté de la dépendance à un homme, comme une sorte de fidélité à ta mère. « Il faut que j'aie un homme dans ma vie », c'est ta fragilité.

Jade : Si j'analyse aujourd'hui ce que représentait pour moi le prince charmant et si j'en juge par une précédente relation qui a duré sept ans, de l'âge de 15 à 22 ans. C'était avec un homme totalement possessif, exclusif… et dans le même temps il y avait chez lui ce côté : *Je pourrais crever pour toi.* Tout dans l'excès. Je me disais : *OK, il est comme ça, violent, jaloux, mais comme il ferait tout pour moi, je dois être là pour lui, je dois effacer tout ce qu'il me fait subir.*

Il m'aime tellement qu'il se comporte d'une manière excessive… J'ai encore du mal à expliquer ça aujourd'hui.

P. : C'était presque une relation sadomasochiste : tu es tout pour lui et en même temps il fait la preuve de l'inverse, il est jaloux, hyperviolent, donc tu n'es pas tout pour lui… On cherche le Tout, la fusion, et on s'aperçoit que c'est impossible, donc il y a excès dans les deux sens. Tu es alternativement dans la fusion puis dans le rejet, et quand tu es rejetée tu es dans la souffrance, donc tu vas essayer de le recapter. C'est une danse passionnelle.

Intervient le modèle de ton père et de ta mère. Tu pensais être plus à l'aise dans une relation conflictuelle parce que tu connaissais, tu savais gérer. Alors que dans cette relation non-conflictuelle avec Hugo, tout est nouveau. Dans une relation conflictuelle, tu ne t'ennuies pas, même si tu souffres. Dans une relation apaisée où tu échanges beaucoup, il y a un côté un peu monotone, il faut construire une relation d'amour.

J'ai expérimenté qu'à un moment donné il se passe quelque chose de très fort avec le conjoint. Du coup, la sexualité vient comme un couronnement, et pas comme un début. C'est un instant de grande intensité parce qu'il est le fruit de toute une relation. Et c'est difficile à faire comprendre à d'autres parce que très peu de gens vivent cet aboutissement. Dans l'acte sexuel, tu fais l'expérience du Tout. On ne fait qu'un et là, quand tu en prends conscience, on est deux. Cette émotion orgasmique, cette dilatation totale, est le fruit de tout un cheminement. Alors que dans votre génération, tout commence par la sexualité.

Jade : Oui, c'est dans la normalité.

P. : Il y a cette attirance vibratoire entre vous, c'est l'histoire de ce grand mystère : pourquoi je suis avec lui, pourquoi elle est avec moi ? Un peu comme dans le processus de la fécondation où un seul et unique spermatozoïde arrivera à bon terme. C'est très mystérieux, ce phénomène de l'âme sœur.

Jade : C'est drôle parce qu'entre Hugo et moi, il y a eu ce petit mot enfantin, et quelques années plus tard, nous nous sommes croisés en soirée alors qu'il était en couple et moi aussi. Tous les deux, nous avons trompé la personne avec qui nous étions pour vivre une soirée ensemble. Et le lendemain, nous nous sommes dit que ce n'était pas possible puisque nous étions chacun avec quelqu'un. Quand nous nous croisions, à chaque fois ce n'était pas le bon moment et pourtant les vibrations étaient là. Nous avions toujours ce petit nœud au ventre ou ce pincement au cœur, mais l'un comme l'autre, nous aurions tout gâché si nous nous étions mis ensemble à ce moment-là. Cela m'aurait détruite un peu plus.

Quinze ans après, nous nous sommes retrouvés au bon moment pour nouer une relation. Si nous l'avions fait quatre ans auparavant, alors que j'entamais ma précédente relation, nous aurions détruit quelque chose. J'ai tenu bon alors qu'Hugo était encore un peu dans ses « travers ». Finalement, quinze ans après notre premier flirt, c'était le bon timing, nous étions tous les deux célibataires, nous étions prêts à entamer quelque chose.

P. : De la même façon, le timing n'aurait pas été le bon si vous étiez partis en roulotte pendant un an, vous auriez pu basculer dans l'amour romanesque. C'était il y a deux ans, on proposait à Hugo de revenir travailler à Lille et je lui ai dit d'accepter. C'est l'illustration de ce qu'une relation amoureuse se construit dans la réalité, pas dans le rêve. À un moment donné, il y a une incarnation dans la réalité, et toi ça t'oblige à savoir personnellement ce que tu veux faire de ta vie, au lieu de dormir dans une roulotte et de chanter autour d'un feu de camp. Tous les deux, vous avez le rêve d'aller camper dans le Hoggar, dans un monde pur. C'est votre penchant pour le conte de fées.

Jade : C'était important justement que le rêve reste à l'état de rêve. Nous en parlons encore : *Qu'est-ce qu'on pourrait faire ? On pourrait voir si on peut acheter une ferme sur la côte Ouest espagnole où il ferait du surf et moi de l'équitation.* Il y a le rêve qu'on nourrit, mais si nous étions partis là-dedans il y a deux ans, nous serions revenus au bout de six mois et peut-être que nous ne serions plus ensemble. Nous aurions brûlé les étapes. Aujourd'hui, grâce à ce travail de développement personnel avec toi, ma perception est différente. Je vois Hugo différemment, notre couple a évolué.

P. : Le travail de triangulation est essentiel, c'est ma fonction. Un peu comme ce qu'on appelait la « retraite de mariage », ce moment de triangulation pour vérifier si les jeunes mariés sont dans la réalité ou dans un conte de fées. Il faut que quelqu'un d'extérieur puisse vérifier la qualité de la relation. J'ai eu de la difficulté à me montrer ferme avec Hugo, il fallait une position de réflexion. En théorie, le rêve est nécessaire, mais c'est la synchronicité qui va le faire incarner.

Toi, tu dois travailler ton lien à l'animal : pourquoi es-tu plus attachée aux animaux, ton chien, ton cheval, qu'aux êtres humains ? Il y a à comprendre et aussi à redéfinir la place de l'animal par rapport à toi. Une façon pour toi de revisiter ton côté « autiste » quand tu communiques mieux avec ton chien qu'avec Hugo

Jade : Hugo, qui aime également les animaux, en est conscient et moi aussi. Aujourd'hui, j'apprends à communiquer avec lui et je communique mieux. Auparavant, j'avais peur de l'être humain, tout le temps peur de donner ma confiance, de commencer à communiquer. Cela a été le cas avec toi.

P. : La première fois que nous nous sommes vus, tu es venue avec ton chien.

Jade : J'avais peur d'entrer en communication, peur de devoir demander quelque chose, peur d'être jugée, d'être déçue, qu'on me dise non. La meilleure façon de ne pas subir, c'était de me couper des autres. Ainsi je serais sûre de ne pas être déçue, de ne pas souffrir.

P. : C'est le chemin que tu as fait. Il y a en toi un fort désir de communier, comme l'enfant avec sa mère. Quand tu es en communion totale avec ton chien, c'est ça. Plus tu ouvriras ta porte et moins tu auras besoin de cette fusion. C'est de cette manière que tu t'es fait avoir avec les hommes, via ce mécanisme d'abandon total dans une relation, ce que tu fais avec les animaux. Heureusement qu'il t'arrive des accidents avec les chevaux. Contrairement aux chiens, ils n'aiment pas la fusion.

Ton chemin consiste à trouver ta propre identité en tant qu'être humain. Plus je t'accompagne, plus tu trouves ta propre identité, en dehors de la fusion. Plus tu prendras de distance par rapport à ta mère et à ta sœur, plus tu trouveras ton identité. Mais elles risquent de ne pas l'accepter.

Jade : J'ai la chance que ma mère soit assez ouverte d'esprit et qu'elle ait envie d'évoluer, elle aussi. Donc je l'entraîne un peu dans mon travail sur moi. C'est vrai que son passé est plus ancré en elle que moi, à trente ans. À travers moi, elle travaille un peu sur elle aussi, je lui conseille des livres, Nous en parlons ensemble. Petit à petit, elle me laisse plus de liberté, elle essaie moins de me rappeler. Parfois, je me dis : *Tiens, ça fait dix jours que je ne l'ai pas eue au téléphone...* Elle ne me fait aucun reproche quand je passe un coup de fil. Je suis dans une phase transitoire assez positive.

P. : Vos deux mères, à Hugo et à toi, font un travail sur elles.

Jade : Elles se ressemblent beaucoup, elles ont toutes les deux cette ouverture. Les choses sont plus ancrées en elles parce qu'elles entament ce travail tard, mais à la base, il y a chez elles une ouverture et un sens de l'écoute.

P. : À la lecture des premiers chapitres de ce livre, qu'est-ce qui est monté à ta conscience concernant le chemin d'Hugo ?

Jade : Comme nous communiquons déjà énormément, je n'ai pas appris grand-chose. Il m'a déjà expliqué beaucoup de choses. Je sais quel type d'homme il a été auparavant, rien ne m'a vraiment choquée. En relation avec mon passé, c'est le chapitre portant sur ses relations avec les femmes qui m'a fait réagir. Cela m'a donné des maux d'estomac, j'ai ressenti de l'angoisse, j'ai eu envie de vomir. Je me retrouvais face au type d'hommes auquel j'avais été confrontée.

P. : Qu'est-ce qui t'a donné envie de vomir ?

Jade : Le dégoût de me retrouver face à une personne comme ça, face à ce que je ne voulais plus connaître. Je voyais, couché sur le papier, qu'il avait été ce type d'hommes. J'ai eu une réaction un peu « violente », verbalement, à la lecture de son comportement vis-à-vis de Léa. Il la quitte et quand il apprend qu'elle est avec quelqu'un d'autre, il a envie de la posséder de nouveau… Quand j'ai lu ça, je lui ai dit : *Si demain tu te barres, tu peux crever pour que je revienne !* J'ai été surprise de ma réaction. J'ai ce côté-là aussi : je me fais maltraiter, mais quand je tourne les talons, il y a un point de non-retour.

P. : Est-ce que tu n'avais pas envie de vomir aussi parce que tu avais honte de ton comportement de femme, peut-être de ton sentiment de dépendance vis-à-vis des hommes ? Peut-être as-tu eu le dégoût de ton image de femme : *J'ai été ce genre de femme, j'en ai honte.* Les hommes sont des salauds, mais en même temps tu as attiré ce genre de types. Tu peux t'identifier à Léa. C'est intéressant, cette colère, c'est bon que tu aies pu l'exprimer, que tu sois capable à un moment de dire stop.

Jade : Je sais qu'Hugo a eu plein de femmes, j'ai entamé la relation avec lui en connaissance de cause. D'ailleurs, Léa est toujours un peu dans le groupe de potes, nous la croisons parfois. Nous avons discuté ensemble, je n'ai vraiment rien contre elle, nous avons tous un passé. Je suis solidaire des femmes.

P. : Ton premier mouvement est la colère, le deuxième te renvoie à ta posture de femme, à ton comportement, et le troisième peut t'inviter à te questionner : qu'est-ce qui fait que j'admire ce genre d'hommes ? La première réaction est celle de chercher un bouc émissaire (c'est à cause de l'autre), ensuite tu es renvoyée à ton histoire, et enfin tu réfléchis : en quoi j'attire ce qui me fait du mal ? Ce changement est intéressant. Tu commences à repérer la transition entre un homme maltraitant et un autre type d'homme dont tu découvres tout.

Vous avez tous les deux des points communs, les mêmes automatismes, les mêmes valeurs, le même mode de vie. Hugo, lui, a rencontré des femmes Hors de son milieu, alors que vous êtes tous les deux sociologiquement semblables. C'est ce qu'on appelle une relation de guérison, un couple de guérison. Ce qui vous permet, là où vous en êtes aujourd'hui, de travailler sur la façon de quitter le modèle parental. Encore maintenant, vous êtes dans la référence au modèle parental : « je n'en veux pas, je le quitte et je vais vers l'inconnu ».

Jade : Nous sommes tous les deux des enfants de parents divorcés. Or nous pourrions être aussi dans un modèle de parents qui vivent toujours ensemble, donc d'un couple où l'homme garde la mainmise sur la femme ; quarante ans ensemble, ça fonctionne. Mais nous avons le même modèle de parents divorcés, donc nous avons plus de raisons encore de nous dire que ce n'est pas ce que nous voulons. Et en plus, ça ne fonctionne pas.

P. : Il faut être vigilant : les enfants de parents divorcés cherchent le couple idéal, ils sont fusionnels et du coup ils se séparent. Vous, vous avez réglé le problème de la fusion et vous êtes dans le tâtonnement d'une nouvelle relation. Il ne faut pas oublier que dans votre modèle, il y a toujours la porte de sortie du divorce, c'est dans vos automatismes. Un couple ne dure que si à un moment tous deux décident qu'ils ne se sépareront jamais. Ils trouveront toujours ensemble une solution. Quand on a dans la tête la porte de sortie du divorce, on s'engage sans s'engager.

Jade : Nous sommes pacsés. Nous n'avons pas exclu le mariage, mais nous avons envie de bien nous connaître, de mener à bien notre travail de développement personnel. Si nous voulons nous marier, nous avons la vie devant nous. Nous ne sommes pas pressés, nous ne sommes pas dans la reproduction du modèle « mariage-maison-enfants ».

P. : C'est un beau cadeau que tu me fais, cette liberté de parole. C'est impressionnant.

Jade : Si j'ai accepté de venir, c'était pour parler. Je ne l'aurais pas fait il y a un an et demi. Aujourd'hui, j'ai essayé d'être le plus libre possible dans mes mots.

En fait, je pense que ça arrive au bon moment. Il y a encore six mois, je n'aurais pas pu, j'aurais été angoissée. Là, je me sens plus sereine. Ma relation avec Hugo est saine et mature. Chez certains, la maturité psychologique peut arriver à 25 ans, chez d'autres à 50 ans. Entre nous, il y a une certaine maturité et aussi une expérience de vie : nous savons ce que nous ne voulons plus, l'un comme l'autre. C'est pour cette raison que je suis convaincue que nous aurions abîmé la relation si j'avais choisi Hugo plutôt qu'un autre il y a dix ans. Nous n'aurions pas pu nous retrouver, nous nous serions fait trop de mal parce que nous n'étions pas matures.

J'ai accepté ma part de responsabilité dans l'échec de mes relations précédentes. Si j'avais choisi Hugo quand il était encore ce type d'hommes immature, avant la prise de conscience qui a suivi, j'aurais été aussi immature de mon côté, sans le recul que j'ai aujourd'hui. Auparavant, je vivais ce que j'avais à vivre sans me poser de questions. Je me laissais guider par mes émotions, sans m'arrêter pour réfléchir.

P. : Il y aurait eu conflit entre fusion et rupture. Quand il y a fusion totale, il y a rupture totale, ce qui te met dans un état impossible, dans l'excès. Là, vous n'êtes plus dans cette danse entre fusion et rupture, mais sans savoir très bien ce que va être cette danse entre vous qui s'exprime encore dans des crises d'angoisse, chez toi, des moments où tu paniques.

Jade : Oui, quand je me sens envahie, non respectée dans ma place de femme.

P. : Avec Hugo, il n'y a pas de jalousie, comme avec d'autres.

Jade : Non, parce qu'il y a de la confiance, notamment grâce au travail personnel que nous faisons tous les deux. Je n'ai jamais été quelqu'un de jaloux à partir du moment où j'ai confiance, c'est ce qui se passe avec Hugo.

P. : C'est un grand charmeur.

Jade : Oui, c'est un très bel homme, quelqu'un qui plaît aux femmes, mais dans son comportement, il ne laisse pas de porte d'entrée. Je me souviens qu'il s'était rendu à une soirée, il était dans un bar avec des copains, des collègues. Une belle fille arrive et lui dit : *es-tu venu avec ta copine ce soir ?* Il aurait très bien pu faire rigoler ses potes en se contentant de dire non. Il a répondu non, mais en précisant qu'il était avec quelqu'un. Il n'a pas envie de s'amuser avec ça, il ne laisse pas planer d'ambiguïté. Au quotidien, notre comportement laisse passer le message selon lequel il y a une ouverture ou pas pour le sexe opposé. C'est une prise de risques dans un couple quand l'un des deux envoie de mauvais signaux.

P. : Ta difficulté, à toi, en tant que « masculine », c'est que tu te mets en retrait des autres. Nous, les hommes à dominante féminine comme Hugo et moi, nous fonctionnons à l'inverse, nous avons envie de plaire. Ce sont des mécanismes différents. Dans un couple, il y a un intérêt à ce que l'un fonctionne différemment de l'autre. Toi tu es plus distante vis-à-vis des autres ; Hugo est un homme plutôt « féminin », il va créer de la relation pour plaire. Hugo en a besoin, sinon il est dans le vide, c'est angoissant pour lui.

Jade : Oui, pour moi ce qui est angoissant, c'est quand il y a du monde. Pour Hugo, c'est le vide qui est angoissant.

P. : C'est intéressant. Quand tu as compris ça, ça te donne matière à négocier en permanence.

Jade : Je sais ce qui lui fait peur, il sait ce qui me fait peur. Nous sommes conscients des besoins de l'autre.

Chapitre 10
Ma place sur terre

Le travail avec Hugo a duré dix ans. Nous avons réussi à tenir aussi longtemps grâce à ce lien intense qui nous unissait, un lien à la fois résistant et élastique comme une corde à linge. Ce dernier entretien en novembre 2019 est l'occasion de déterminer où Hugo en est aujourd'hui et vers quoi il veut aller, de faire le point sur cette danse entre les ombres et la lumière. Lors de notre rencontre, Hugo était envahi par ses ombres. Tout l'accompagnement a consisté à s'appuyer sur ses ombres pour lui faire entrevoir qu'il pouvait vivre une autre vie. Et c'est précisément cette inscription dans le temps long qui lui a permis d'observer des changements dans sa vie. Rien n'aurait été possible sans la triangulation : il est nécessaire d'avoir toujours un mentor pour ne pas rester prisonnier de son passé, mais aussi, comme le dit Arouna Lipschitz, parce qu'on a forcément raison quand on réfléchit seul.

Le déroulé du travail montre bien qu'il s'agit d'une approche systémique. Dès qu'il a pris conscience que l'autre était différent de lui et qu'il l'a accepté, toute sa vie a chan-

gé. Dans le même temps, il a réussi à se situer par rapport à l'autre. En revisitant l'ensemble de son histoire, nous avons pu la nettoyer, d'où le changement. Il sait que sa vie d'aujourd'hui ne ressemble à rien de ce qu'elle était auparavant. Il a accepté d'être masculin et féminin. Il a pris conscience qu'il a en lui ces deux formes d'énergie ; donner et recevoir, et que tout est en lien. Il a aussi pris conscience que le moindre geste peut avoir une influence sur son système familial et professionnel, les deux domaines étant indissociables.

Certes, Hugo peut encore être tenté de revenir dans ses ombres, toujours présentes. Car c'est une des lois de la nature : le jour ne peut exister que si la nuit existe aussi. Il a compris que ce chemin dure toute une vie et qu'il ne peut s'en sortir seul. Il a besoin d'une relation avec Dieu ou avec ce qu'on pourrait appeler l'intuition ou l'intelligence cosmique. Cela implique qu'il se nourrisse pour discerner ce qui le conduit vers la nuit de ce qui le conduit vers le jour. Par la connaissance, la méditation, la curiosité, il doit continuer à chercher.

Hugo en est au point où se profile une vie toute entière durant laquelle il aura à déterminer ce pour quoi il est venu sur terre. Grâce à ce travail de consolidation, il a pu faire le tri entre ce qu'il a choisi de garder et ce qu'il a choisi de jeter. Il faut accepter d'être infidèle à ses schémas parentaux, à sa culture familiale, pour réaliser sa destinée.

***

P. : Tu auras trente ans dans quelques mois, que peux-tu dire quand tu considères toutes ces années ?

H. : J'ai certainement une bonne étoile sinon tout aurait pu être plus compliqué, j'aurais pu me faire plus mal. Je suis très content d'avoir vécu toutes ces expériences, à tous les niveaux. Je pense que c'est ce qui me permet d'avoir du recul et de la maturité aujourd'hui. Je suis heureux d'avoir trouvé le courage de travailler avec toi dès l'âge de vingt ans. C'était un peu jeune par rapport à la norme, donc je suis satisfait de ne pas avoir lâché. L'enjeu était de ne pas baisser les bras, de ne pas t'envoyer bouler et de ne pas retourner dans mes automatismes. J'en ai été tenté quelquefois, mais j'ai toujours eu un petit rappel, d'une manière ou d'une autre.

J'aurais pu retourner à mes excès. Si nous regardons ma trajectoire comme une courbe ; mes excès ont connu un pic quand j'avais entre seize et vingt-deux ans. Ensuite, la courbe est redescendue. J'ai pu me calmer et trouver une stabilité, aller vers ma vraie personnalité et vers ce que je suis venu faire sur terre. Durant ces dix dernières années, j'ai eu des moments de doute, des moments où j'ai eu envie de retourner vers ce que j'avais déjà vécu à savoir les dérives avec mon père, mes frères, l'environnement en général. Je suis content d'avoir tenu la corde et de continuer à la saisir, à travailler sur moi. Je me rends compte que dans ma vie professionnelle, et même dans mes relations familiales, amicales et amoureuses, je récolte aujourd'hui, petit à petit, le fruit de ces dix ans de travail.

Je le vois, je le sens, je le comprends : tout est plus simple, plus fluide, plus sain. Il y a encore pas mal de sujets à travailler, mais je me sens avancer. Quand je pense à ma vie professionnelle, je sais que j'investis non pas dans mon activité dans l'immobilier, mais dans mon travail de développement personnel avec toi et via l'enseignement d'Arouna, et aussi dans ce projet de livre.

Je doute aussi de moins en moins. Je suis convaincu à 95 % d'être sur la bonne route, celle qui consiste à prendre soin de moi, à continuer de me poser des questions, à trouver la bonne distance dans toutes mes relations. C'est le travail d'une vie, tout en cultivant toujours mes rêves, sans vouloir les réaliser demain matin, et en quittant un peu mes schémas de répétition. Parmi ces rêves, il y a celui de céder au désir de tout lâcher pour aller surfer au bout du monde. Si on parle de la nécessité de trouver sa voie, je me dis qu'un jour, en me levant le matin, j'aurai trouvé ! Mais rapidement, je me dis que ce n'est pas si facile si j'ai conscience, après coup, qu'il y a un lien avec mon rêve.

Aujourd'hui, je suis très satisfait de ce que j'ai entrepris, de ce que j'entreprends et du chemin que j'ai décidé de prendre. J'ai un boulot à responsabilités, je suis proche d'un patron qui est encore mon modèle, c'est quelqu'un d'inspirant pour moi. J'ai assaini mes relations avec mes frères, trouvé le bon lien et la bonne distance aussi avec mon père. Avec ma mère, le travail est en cours. Quand elle me dit que je ne l'appelle plus, je lui réponds : *Oui, je sais.* Je ne culpabilise plus. Elle me lance parfois des piques, mais elle en est assez consciente ; elle sait où j'ai envie d'aller.

Ma plus grande crainte était de m'engager avec une femme ; or aujourd'hui, je suis pacsé avec Jade, j'ai acheté une maison, j'ai un chien, et tout se passe très bien. Je découvre un nouveau mode de relation avec une femme, un peu comme si c'était l'aboutissement de ces dix ans de travail personnel. Je dis à mes copains: *Vous n'imaginez pas comme c'est facile de vivre avec Jade.* Pas de crises de jalousie, je laisse traîner mon portable, mes mails sont ouverts, je n'ai plus peur… Il n'y a pas de crainte de tromperies, nous sommes dans le partage. J'avoue que c'est agréable.

Nous sommes tous les deux nous-mêmes, nous avons trouvé la bonne distance, aucun de nous ne cherche à s'approprier ce qui appartient à l'autre. Aucun ne veut guérir l'autre. Et en même temps, nous prenons soin l'un de l'autre et nous restons vigilants. Cela demande à négocier constamment, mais nous y trouvons du plaisir. C'est nouveau et très agréable.

P.: Pour en arriver là, qu'est-ce qu'il y avait à nettoyer?

H.: Il fallait impérativement nettoyer les relations familiales, avec mon père, mes frères, ma mère, mais aussi avec mon cousin que je considère comme un petit frère et dont j'ai dû m'éloigner parce que la relation était toxique, en lien avec l'alcool et la drogue. Avec lui, je retombais dans mes anciens automatismes, j'ai même replongé avec lui dans des histoires compliquées. Il fallait que je prenne du recul, de la distance. Je devais adopter un nouveau comportement, quitter un schéma et innover.

Mon ancien schéma était celui d'un mode de relation très fusionnel: on se retrouve et ça tourne souvent autour de l'alcool, la fête, les blagues, dans un contexte protecteur où personne ne parle de ce qu'il ressent, de ses peurs, où on est toujours dans une espèce d'illusion. Depuis peu, je me suis autorisé à parler de moi, à ouvrir mon cœur, et j'en ai fait un peu profiter les autres aussi. J'arrive aujourd'hui à avoir des discussions avec mes frères, nous évoquons notre intimité, nous parlons de ce qui nous fait peur, de nos relations avec les femmes. Les occasions sont encore rares, deux ou trois fois par an, mais ça vient.

P. : A quoi il a été difficile pour toi de renoncer ?

H. : Aujourd'hui, ce qui est compliqué c'est l'éloignement avec mes copains, mais ça se fait naturellement. On était une bande de 15-20 copains et on se voyait tout le temps. Je m'éloigne un peu de ça, chacun a son rythme, mais je ne vais plus au bistrot, ou très rarement. J'ai dû m'éloigner du monde de la fête tous les vendredis et samedis soirs, du sens de la fête, alors que c'était hyperprésent dans ma culture au quotidien.

C'est difficile parce que je m'éloigne d'un environnement social que j'ai connu pendant vingt ans. Au lieu de boire des coups avec une dizaine de potes, je me retrouve le soir avec ma femme et mon chien ; parfois, je me sens triste et je ressens de la solitude.

P. : Le plus dur, c'est que tu as changé tout ton système social ?

H. : Oui, pour moi le plus compliqué c'est de changer ça, de dire aux personnes qui évoluent dans mon environnement social qui je suis vraiment, avec la peur d'être jugé, montré du doigt ; c'est encore difficile de l'assumer au quotidien.

Dernièrement, nous avons eu une réunion à Lyon, pour un partage d'expériences entre agences. On s'entend très bien, c'est agréable, et à un moment la conversation tombe sur des dysfonctionnements liés à l'argent. J'ai alors envie de pousser mon argumentation sur le rapport des gens à l'argent en disant que les dysfonctionnements viennent de là, du fait que certains veulent partager et d'autres non. Je sens qu'à ce moment-là il faut que j'arrête, sinon je vais aller trop loin sur l'aspect psychologique de la question et on va me regarder avec de grands yeux, il peut y avoir un malaise.

P. : Là, tu touches du doigt la différence entre la justice et l'amour. Dans ton rapport à l'argent, il y a la questionde ce qui est juste. Dans ton contexte professionnel, il y a une loi dont tu t'aperçois qu'elle est un peu rigide. Tout y est très codifié et il y a des gens qui transgressent discrètement la loi. Dans ce cas, tu peux être dans la justice et les condamner, ou bien tu es dans l'amour et tu te demandes ce qui fait qu'ils transgressent. Soit la loi n'est pas adaptée, soit ils portent une « souffrance existentielle » liée à leur histoire. Tu portes maintenant un nouveau regard sur les relations humaines.

H. : C'est vraiment cela qui m'anime. Par exemple, dans mon métier, je sais que je vais cartonner cette année, mais je ne saurais pas dire combien d'immeubles j'ai vendu ni le nombre de mètres carrés. J'oublie les immeubles, mais pas les personnes. Ce qui m'avait intéressé sur le moment, c'était la façon dont ça s'était passé : la qualité des relations entre les différentes personnes présentes dans le dossier et la philosophie avec laquelle je mène mes affaires. Je pense que ma compétence est là.

P.: Qu'est-ce que tu dirais à un jeune qui boit, qui fume, qui vit dans les excès que tu as connus?

H. *(il réfléchit)*: C'est intéressant que tu me demandes ça parce que voilà plusieurs fois que j'y pense, nous en avions déjà parlé. J'aimerais bien avancer vers un projet qui me permettrait de rencontrer des jeunes de 15, 25 ou 30 ans avec lesquels nous pourrions parler de leurs parents, de leurs frères, de leur propension aux excès, retranscrire l'expérience et faire un peu d'accompagnement…

A un jeune qui serait dans ces excès, je dirais de ne pas s'inquiéter, que c'est normal. Et ensuite, je lui demanderais pourquoi il le fait parce que c'est ça le problème; je me suis laissé guider par mes pulsions pendant des années sans comprendre pourquoi et à un moment donné, j'ai été rappelé à l'ordre physiquement. L'excès d'alcool, de drogue m'a fait du mal, m'a fracassé. J'ai la chance d'avoir un corps qui réagit, ce qui m'a amené à me poser la question du pourquoi je le faisais. C'est dans ce questionnement que j'ai envie d'amener un jeune qui est dans cette situation: les excès, la déconne. Je lui demanderais le pourquoi de son comportement et ensuite nous pourrions en discuter. Pour moi, ce n'est pas si loin.

P.: Quels conseils tu lui donnerais?

H.: Le conseil que je donnerais, ce serait de se faire

accompagner. Je pense que c'est indispensable pour un jeune qui se noie dans ses excès. Mais aujourd'hui, si on dit à un jeune de 22 ans de se faire accompagner, il va se croire malade psychologiquement, il va se faire un film. Comme moi quand j'avais vingt ans et que je n'osais pas en parler à mes copains parce que ça faisait peur. Il faudrait pouvoir proposer une nouvelle forme d'accompagnement, simple, discrète. Se faire accompagner par un jeune comme moi serait plus rassurant que par quelqu'un de plus âgé. Il faudrait innover.

C'est un projet sur lequel je suis en train de commencer à réfléchir. Cet accompagnement est indispensable pour un jeune de 22 ans, mais aussi pour un type de 35 ans, comme Valentin qui vient d'avoir un enfant, qui a un vécu et qui commence à se poser des questions sur sa vie.

P. : Pour Valentin, le point de départ est le même. Il va mal, il avait rompu avec une femme dont il avait un enfant. Quand je lui ai demandé : *Quelle image veux-tu que ton fils ait de toi ?* Il a répondu qu'il ne voulait pas qu'il ait la même image de son père que lui du sien. Quand j'accompagne, je dois trouver le point sensible : lui, c'est l'image du père pour son fils, toi c'était les crises d'angoisse. Il y a un moment où on touche les valeurs fondamentales de l'autre ; si ce qui est essentiel pour lui, s'apprête à rompre, il sombre.

Chez toi, le point sensible était plus la survie par rapport au leader que tu étais. C'est le problème de l'imposteur : tu avais conscience de ne pas être le leader en lequel les autres croyaient.

H. : Je jouais un rôle. Avec le recul, je comprends que l'objectif était d'exister dans le regard des autres. J'organisais des fêtes, j'emmenais les gens en boîte, je faisais le con, je voulais qu'on parle de moi, je vivais des excès pour être reconnu. Je ne comprenais pas bien, mais c'était si facile d'aller là-dedans. L'imposture, c'est le fait que dans ces moments-là, c'était moi, mais pas vraiment moi, c'était moi dans la destruction.

P. : Tu es dans le jeu des polarités : soit tu es complètement dans la lumière pour les autres, soit tu es dans le vide complet. Tu avais cette lucidité et c'est ton intelligence. Tu avais conscience de l'illusion. Tu étais dans deux polarités extrêmes, soit leader, soit seul dans le vide total. Quand une polarité est forte dans un sens, elle l'est autant dans l'autre. Tout l'art consiste à réduire l'écart, à trouver l'harmonie entre les deux.

H. : Quand je vivais mes excès à fond, tous les weekends j'emmenais ma bande de potes là-dedans. Un jour, j'avais vingt ans, c'était peu de temps après t'avoir rencontré, j'ai invité mes cinq super-potes à déjeuner l'un après l'autre, en tête-à-tête avec moi alors que cela ne se faisait pas. Ensemble, c'était toujours la picole, les vacances en bande. Je leur ai dit que j'avais besoin de leur parler. J'ai ressenti le besoin de leur dire que je n'étais pas celui qu'ils croyaient, que je souffrais. Ils ont trouvé ça bizarre. Pourtant c'est ce qui m'a un peu sauvé, je redevenais humble face à eux.

C'est là que je suis entré dans cette démarche de travail sur moi, là où j'ai avancé. Et les distances dans les relations ont commencé à se mettre en place petit à petit. Au moment où je comprends que je suis dans les excès et que mon corps me lâche, tu me dis qu'il faut que je fasse attention. Je commence alors à travailler sur mon père et à faire le lien avec mon comportement.

P. : On a beaucoup travaillé sur ton incarnation professionnelle quand tu étais chez Kazio, c'était une porte d'entrée. Voilà pourquoi je crois beaucoup à l'apprentissage. Dans le système scolaire, si tu ne t'en sors pas trop mal, tu as du temps libre. Tu peux faire la bringue tout le temps et avoir ton bac ou ton D.U.T. Kazio a été important à un moment où l'enseignement ne te porte pas. Tu t'aperçois que c'est bidon et tu fais le minimum. L'apprentissage a été utile, car ton corps est venu te parler. Si tu ne tenais pas physiquement, tu ne pouvais pas rester chez Kazio où tu te sentais bien.

Ce que tu as réussi, c'est que ton côté leader a pu s'exprimer dans le milieu professionnel. Tu pourrais dire à un jeune de 22 ans d'essayer de trouver une formation par alternance et de trouver un mentor qui peut devenir pour lui un modèle.

H. : Le plus compliqué pour moi, et pour beaucoup d'autres, c'est la fidélité à la famille. Je pouvais venir te voir pendant deux heures, tout comprendre, tout mettre correctement dans les cases et rentrer chez moi, ne rien faire de ce que nous avions dit. Car la fidélité à mon père, à ma mère, me faisait adopter un comportement inverse à ce que je venais de comprendre. Ce que j'ai travaillé avec toi a mis du temps à s'engrammer, à transformer mon comportement. Petit à petit, les choses avancent à condition de continuer à entretenir ce travail ensemble. Ce qui peut faire peur, c'est de tout comprendre et de rentrer chez soi pour s'apercevoir qu'on est à côté de l'objectif : *Ce n'est pas fait pour moi, je préfère rester là où j'en suis.*

P. : Ma génération avait des modèles en dehors des parents, le parti communiste, les mouvements de jeunes, la vision humaniste de la société ou de l'Église. Cela permettait d'évaluer le décalage par rapport aux parents. Ta génération, en revanche, n'a que la famille pour modèle, en dehors c'est le vide. Les « cadres » existant auparavant sont aujourd'hui rejetés.

Dans le travail fait ensemble, tu as accepté que je sois le mentor qui te propose un autre cadre de référence. Pour contrecarrer le cadre familial, il fallait te montrer une autre façon de voir la vie. Tu sentais bien que tu empruntais un chemin avec un nouveau système de valeurs. Cela t'a amené à te poser d'autres questions et cela t'a permis d'avancer et de devenir plus autonome. Pour arriver à ce résultat, je t'ai proposé un cadre de référence solide.

H. : Mon cadre de référence, aujourd'hui, c'est le sport et l'enseignement d'Arouna que je reçois par ton intermédiaire.

P. : Oui, si tu as le projet d'accompagner des jeunes, il ne faudra pas oublier que tu t'appuies sur un cadre de référence.

H. : Cette triangulation avec toi et Arouna me va bien, même si j'ai encore beaucoup à comprendre dans le travail direct avec elle. Quand j'ai un doute, que je suis un peu paumé, j'écoute les conférences d'Arouna et tout se remet en place.

Mais c'est vrai que j'ai encore des fidélités. Quand je parle avec mon patron, à un moment donné j'accepte ce qu'il me dit pour ne pas me mettre en danger en allant à la confrontation, pour ne pas prendre le risque qu'il ne m'aime plus et continuer à briller dans ses yeux. C'est un patron que j'ai choisi, il me fait confiance. Cela fait cinq ans que je travaille avec lui, jamais je ne l'aurais imaginé. Je prends conscience de ma compétence pour en être arrivé là, mais il n'y a pas que la compétence professionnelle pure. Je pense que l'image qu'il a de moi est celle du fils qu'il aurait aimé avoir. Mais ça ne peut pas durer. Car je n'ai pas envie d'entretenir ce type de relation toute ma vie. Une fois que j'ai pris conscience de ça, je fais quoi ensuite ? Quand j'accepte ce qu'il me dit, je ne suis pas forcément en phase avec lui, il va falloir qu'il se passe autre chose.

P. : Le risque maintenant c'est de tomber dans le piège sectaire : « je détiens la vérité et si l'autre ne me suit pas, je le "tue". Il faut donc continuer à te faire superviser pour discerner quelle posture adopter au moment où tu sens que tu n'es pas d'accord avec ton modèle. Soit, tu te mets en rapport de forces tu veux être calife à la place du calife, tu lui dis que tu n'es pas d'accord et c'est le conflit ; soit, tu es stratège en acceptant et en te demandant où est la position juste. Parce que nous évoluons dans une réalité humaine, nous sommes obligés de faire des concessions. Sinon on devient idéologue. Le jeu consiste à ne pas être sacrificiel sans pour autant perdre son âme. J'ai tendance à dire que c'est l'autre qui t'éjecte à un moment où tu n'es plus dans ses valeurs. C'est ce qui peut se passer si ton patron sent que vos valeurs respectives deviennent incompatibles.

H. : Il prend peur si je vais trop loin.

P. : Tu peux devenir idéologue si tu fais la leçon à ton patron. Et tu deviens pédagogue si tu te dis que ça ne sert à rien de lui dire ce que tu penses. Tu es tacticien quand tu comprends que ce n'est pas le moment. C'est important de repérer le moment où tu risques d'être sectaire. Là, tu comprends les fondements de son système. Si tu étais sectaire, tu lui indiquerais le chemin qu'il doit accomplir pour s'en sortir. C'est sur ce terrain qu'il faut faire attention.

H. : J'ai encore du mal avec ça.

P. : Et toi, que souhaiterais-tu aujourd'hui, là où tu en es ?

H. : Je pense continuer à être accompagné, continuer à m'intéresser à l'enseignement d'Arouna. J'ai encore beaucoup de choses à comprendre et j'ai envie de réaliser quelque chose. L'idée d'accompagner des jeunes commence à me trotter de plus en plus dans la tête avec la connaissance que je commence à avoir sur le sujet et sur ma vie. J'ai des choses à transmettre, j'en ai envie, je ne sais pas encore comment.

P. : Étonnamment tu as fait peu d'études et tu arrives aujourd'hui à la nécessité de la connaissance. Tu comprends qu'il y a une autre façon d'aborder la connaissance, pas seulement celle qu'on t'enseigne à l'école et dont tu ne sais pas à quoi elle sert.

En fait, ce qui te motive, c'est de monter un projet commun ?

H. : J'ai besoin de développer, je n'ai pas besoin de posséder. J'ai plus de plaisir à aider des collègues à comprendre ou réussir un projet qu'à aller vendre un immeuble et encaisser la commission. J'ai plus de plaisir à parler avec un collègue qui me confie ses problèmes avec sa femme et qui, à la fin de la discussion, me dit : *T'as raison, j'ai compris un truc.*

P. : C'est peut-être ta vocation d'apporter ta touche humaine dans un contexte professionnel (l'immobilier, l'automobile, ou d'autres secteurs) où tu aurais le souci du bien-être des salariés. Tu dis : *Je travaille dans l'immobilier, mais ce n'est pas l'immobilier qui m'intéresse.* En revanche, à travers l'immobilier, tu mets en œuvre tes valeurs relationnelles, tu as un fil rouge matériel qui est de faire des affaires.

Le débat de fond est le suivant : soit je m'incarne dans la matière et j'agis pour mettre en œuvre mes valeurs en acceptant la règle du jeu, pour l'instant c'est vendre des immeubles, soit je me fais coach ou thérapeute. Personnellement, j'ai choisi de faire les deux.

Dans ton cheminement, à un moment apparaît l'éthique. Tu t'appliques à toi-même ton éthique, sans être sacrificiel. C'est l'objet de l'accompagnement sur le discernement.

La prochaine étape, c'est l'intelligence cosmique, autrement dit la capacité à déterminer pourquoi je suis sur terre, quel est l'inaccompli à accomplir. Aujourd'hui, tu as pris de la distance par rapport au schéma parental, tu as accepté de lui être infidèle, il faudra ensuite regarder quel est l'inaccompli…

Tu as éclairci complètement l'impact de ta famille sur ton mode de fonctionnement, cette étape-là est terminée. Tu as fait le choix d'un mode de vie qui a entraîné des ruptures et en même temps, tu peux prouver aux autres que c'est gagnant. Quand nous considérons ces dix années de travail ensemble, le palier où tu es aujourd'hui n'était pas prévisible. Nous avons travaillé sur la façon dont tu pourrais quitter tes dépendances et accueillir tout ce qui pourrait t'aider à le faire. Tu as trouvé un statut social, un mode de vie.

Quand tu es revenu à Lille après Amiens, ce n'était pas gagné. Tu revenais dans ta famille… Grâce à la triangulation, nous avons nettoyé tes relations familiales ; ce n'est plus la famille qui décide de ton mode de vie, tu es devenu autonome. Quant à accomplir l'inaccompli, nous ne savons pas encore. Pour moi, tout est ouvert là où nous nous en sommes. Tu as posé des fondamentaux qui ne sont plus liés au passé, tu n'es plus en contre-pouvoir par rapport à ta famille. Tu as acquis une méthode de discernement à chaque événement en n'acceptant plus tes automatismes comme parole d'Évangile. Quand tu parles de ta vie professionnelle, on sent déjà ton éthique : là, je suis d'accord, là je ne suis pas d'accord. Tu vois plus clair. Ta compétence est de développer des relations humaines dans le cadre professionnel. Tu as besoin d'un cadre réel, le fil rouge de la matière au sein duquel ta posture est de faire en sorte que les gens soient heureux.

Quelle différence fais-tu entre le plaisir artificiel et le plaisir réel ?

H. : Le plaisir artificiel, je le vois dans le contexte professionnel à travers mes clients, leur passion de la possession, maisons, voitures, piscines, voyages… Et en même temps, ça me fait rire. Mon travail me donne accès à des personnalités très fortes qui ont réussi à créer un empire matériel, c'est impressionnant, mais c'est un plaisir artificiel.

Le plaisir réel, pour moi, c'est autre chose. Prenons l'exemple de ce client important qui va passer une demi-heure à me montrer ses dernières acquisitions. A un moment, il se produit une espèce de déclic. Je le branche sur sa femme, ses enfants, son divorce, et là j'ai un échange avec lui, un vrai partage à cœur ouvert. Il a oublié tous les artifices de sa vie… Quand je ressors de là, j'ai le sentiment d'avoir passé un bon moment et je le remercie de m'avoir ouvert son cœur. Le plaisir réel est celui d'avoir réussi à apercevoir un "vrai bout" de la personne en face de moi.

P. : C'est génial, il faut maintenir ce fil rouge. J'en suis ému. Ce que tu me dis correspond à ma conviction. Je pense aux prêtres ouvriers dans l'Église : tu restes incarné dans la matière et tu développes ta compétence à développer de l'humain dans la vie professionnelle. Cela nécessite un travail de discernement, donc un accompagnement. Auparavant, tu étais dans le plaisir artificiel, l'alcool, la drogue, aujourd'hui tu prends du plaisir dans la relation authentique avec l'autre, tout en ne cherchant pas à lui imposer ton modèle.

H. : Je reste attentif à ça. Je pense à un client qui ne déjeune jamais avec les agents immobiliers. Je lui ai pourtant proposé un déjeuner, il a accepté en disant qu'il était touché. Nous discutons affaires et à la fin du repas je lui propose de se revoir pour déjeuner à quatre, lui avec sa femme et moi avec Jade. Il a accepté, mais ça ne se fera pas, je sens que ça peut être dangereux, je ne sais pas pourquoi. Je pense qu'on irait trop loin.

Mon plaisir est de constater que je suis en train de découvrir ma compétence. J'arrive à donner accès à son intimité à quelqu'un qui n'est pas du tout là-dedans et je l'invite à comprendre. Parvenir à l'amener à ça me rassure : nous sommes tous des êtres humains, et avons tous un cœur.

P. : Avec ton client tu as eu le réflexe juste, tu as tenu compte du cadre : il ne faut pas déraper en créant de fausses relations amicales. Tu n'as pas cherché à "l'évangéliser", tu as attendu qu'il te demande quel était ton système de référence et il a senti que tu ne faisais pas comme les autres, que tu étais fidèle à ton éthique. Ensuite, tu ne sais pas ce qui va se passer. Si c'est juste, l'Univers va t'envoyer quelque chose. Il ne faut pas forcer le destin. Toi, tu dois continuer à travailler sur ton système de valeurs et attendre que l'autre vienne à toi pour aller plus loin.

H. : Je prends du plaisir dans cette fonction de pédagogue, avec l'humilité que ça implique. Quand je sens que l'autre est attentif à ce que j'exprime, qu'il pose des questions, qu'il est curieux de savoir et de comprendre. J'ai plaisir à échanger. C'est une posture de pédagogue quand je mets un peu de lumière dans les ombres des gens.

P. : Tu accueilles ton client quand il te parle de sa vie et ensuite tu sens le dérapage ; tu comprends que ce serait une erreur si tu mettais une amicalité qui n'est pas encore là. Tu es à un niveau où tu deviens modèle par rapport à ton client ou ton hiérarchique. La tentation est grande d'être envahissant ou manipulateur.

H. : Je garde un côté séducteur et manipulateur, aussi je fais attention.

P. : Des collègues jaloux peuvent te reprocher ta proximité avec le patron. Le discernement demande de veiller à ne pas être envahissant, séducteur et manipulateur.

H. : Mon rêve d'enfant était de devenir un professionnel de skate-board ou de surf. Dans mon contexte professionnel, je fais aussi de la glisse. Je prends la vague, je vais la chercher, je la surfe, ensuite je prends d'autres vagues…

P. : Dans l'accompagnement de la personne, tu surfes aussi sur la vague. Tu ne peux pas aller contre elle, tu la repères et tu la surfes.

Postface
Parole de mère

Par souci éthique, nous avons choisi, avec Hugo, de consacrer cette dernière partie à un « droit de réponse » dédié à la parole de sa mère, Sophie, Actrice principale de sa vie, elle peut ainsi livrer sa propre vision. À la lecture du manuscrit de ce livre, sa réaction a été douloureuse. Hugo a pu accueillir cette douleur face à des propos qui ont provoqué sa colère, il a accepté cette colère. C'est ce qui a permis le dialogue entre sa mère et lui.

Il n'est pas toujours aisé de lire le récit d'une période de sa vie vue par un autre. On est alors confronté au fait que chacun n'a pas vécu les choses de la même façon. Il est difficile pour la mère d'Hugo de recevoir la manière dont son fils a vécu sa relation avec elle : « Je ne l'ai pas vécu comme ça, je suis une femme d'amour ». Effet de la triangulation, Sophie aurait pu faire de moi le bouc-émissaire en considérant que je suis à l'origine de ce qui lui fait mal. D'où l'intérêt qu'elle puisse exprimer sa colère contre moi et parvenir à clarifier la vérité de chacun. Mais ce n'est pas l'objet de ce livre qui est l'histoire d'Hugo et non celle de sa mère. Il s'agit de montrer tout le cheminement d'un jeune devenu victime de ses dépendances, jusqu'au moment où il reprend possession de sa vie. Apparaît donc un parcours émaillé de hauts et de bas, imprégné de l'ambiance familiale et étroitement lié aux relations avec la mère, le père, et les frères. Certes, la mère n'a pas vécu la même histoire et elle exprime ici ce qu'elle ressent. Ce qui a compté dans ce travail, ce n'est pas la réalité, mais la vérité d'Hugo, à partir de sa mémoire.

Le point positif est que, via ce témoignage, Sophie accepte la confrontation et l'effort de clarification qui permet d'atténuer ses incompréhensions et sa colère. Mieux encore, cette confrontation aura permis à tous deux de comprendre qu'il fallait changer leur mode de relation. Chacun doit trouver sa place. Sophie n'est plus la mère d'un adolescent et Hugo est un homme de 30 ans. Cela ouvre la porte sur une nouvelle aventure dans leur relation où chacun est adulte tout en restant la mère et l'enfant.

***

P. : Comment avez-vous réagi quand Hugo vous a fait lire le manuscrit de ce livre ?

Sophie : Je savais qu'il était suivi par vous depuis des années et nous avions eu quelques échanges à ce propos, mais je n'étais pas au courant qu'il était en train de rédiger un livre. Quand il m'a donné le manuscrit, il m'a dit : *C'est comme si je te donnais un bébé, je te demande de le lire.*

À la lecture, j'ai eu deux types de réactions. Au début,

je me suis sentie très blessée par les ressentis exprimés par Hugo et dans un deuxième temps, j'ai senti monter une rare colère contre vous, pas sur la totalité de l'ouvrage. Je suis passionnée par tout ce qui est développement personnel. J'ai fait un gros travail sur moi que je continue d'ailleurs. Je ne pense donc pas être hermétique à la démarche. Mais, comme je l'ai dit à Hugo, il y a des endroits du livre à propos desquels je ne suis pas du tout d'accord.

Après la lecture, je suis restée un moment sans voir Hugo. Je n'en avais pas envie, mais je savais que nous en parlerions. Il avait fait deux ou trois tentatives pour me voir et je répondais que je n'avais pas le temps. Il me connaît bien et savait que ce n'était qu'un prétexte. Il me fallait du temps.

Cela étant, j'ai été soulagée quand nous nous sommes vus et avons passé deux ou trois soirées ensemble dans la même semaine. La première fois, je n'ai pas pris de gants, je lui ai dit que cette lecture m'avait fait mal, surtout à cause de certaines de vos analyses qui ont provoqué ma colère. Mais c'est très bien que nous puissions en discuter aujourd'hui.

Le temps m'a permis d'accepter réellement et complètement les ressentis d'Hugo. Effectivement, j'ai connu des périodes difficiles dans ma vie. Quand mon mari est parti, j'ai donné un rôle à Hugo qui n'était pas le sien. Je savais que c'était lourd pour lui, mais pas à ce point-là. Je me suis dit que cette époque avait été encore plus dure pour lui que ce que j'imaginais. Je pense qu'Hugo était très mal, mais j'ai quand même été là malgré tout, et là il s'agit de mon rôle de mère. Hugo est celui de mes trois fils avec lequel j'ai partagé le plus.

Quand Hugo m'a dit que ce livre était une forme de « nettoyage » pour vivre quelque chose de meilleur entre nous, j'ai trouvé que c'était un super cadeau de sa part. Je me dis : *Quel boulot de dingue il a fait !* Je suis très fière de lui. Je ne vous cache pas que quand j'avais 16-17 ans, avant de devenir enseignante, mon premier souhait professionnel était de devenir psychologue. D'où mon intérêt pour les rapports humains, intérêt que je partage avec Hugo, nous avons eu beaucoup de discussions et nous avons un peu cheminé ensemble. Il a eu la chance de vous rencontrer et il a fait un travail important. C'est vrai que vous avez joué un rôle essentiel dans la vie de mon fils.

Ce qu'il fait est très courageux. Ça ne me dérange pas qu'il se mette à nu face à moi, face à ses frères aussi. Il est en attente de plein de choses, ça se passera ou ça ne se passera pas, mais il a déjà fait bouger la famille, et c'est très bien.

Je suis contente que nous ayons pu parler tous les deux. Cela aurait été inacceptable pour moi qu'il me donne le manuscrit et ensuite Ciao ! Je lui ai demandé : *Et ton père ?* Il m'a répondu : Ça lui appartient, ça va aussi faire bouger des choses de son côté.

P. : Qu'est-ce qui vous a mis en colère dans les interprétations que j'ai pu faire ?

Sophie : Je vous trouve assez sévère avec la mère, dans la relation mère-enfant. Certes, j'ai un rôle et je ne suis pas une mère parfaite, mais je n'ai pas lu dans ce manuscrit une seule phrase de reconnaissance pour la mère. Voilà pourquoi je me mets en colère contre ce que j'appelle la « maladresse » de l'ouvrage vis-à-vis de la personne que je suis et qui le reçoit sans ménagements. Jamais je n'ai douté de l'amour de mon fils, je n'en ai pas douté non plus après avoir lu tout le manuscrit. Mais je me suis dit que je m'étais peut-être leurrée ; j'ai toujours une relation privilégiée avec Hugo parce qu'il s'intéresse comme moi au domaine du développement personnel. Sur ce terrain, je n'ai pas ces échanges avec ses frères ; mais quand Hugo est venu me voir après que j'ai lu le manuscrit, j'ai eu l'impression d'avoir été trahie, « intrusée » comme si on avait enfreint les limites de mon territoire, profané ma personne, non pas par lui, mais plutôt par les analyses que vous développez.

P. : Qu'est-ce qui suscite cette impression ?

Sophie : On dit des choses sur moi sans me demander mon avis. J'ai eu l'impression d'être jugée, je me suis dit : *De quel droit se permet-il de juger ?* Si j'avais été en thérapie avec vous, vous m'auriez donné des pistes pour réfléchir, mais là, étant donné que je suis une pièce importante dans ce manuscrit en tant que mère d'Hugo. J'y apparais dans des déductions que vous faites qui me semblent fausses. Selon moi, vous n'avez pas le droit de dire certaines choses. Je pense être quelqu'un qui se remet facilement en question, mais j'aurais aimé que nous puissions discuter ensemble avant que vous n'avanciez ces déductions dans le livre.

P. : C'est difficile pour vous que j'émette des hypothèses ?

Sophie: Ce qui me gêne, c'est que ce ne sont pas des hypothèses. Si ce n'était que des hypothèses, ça ne me gênerait pas, ça me ferait peut-être avancer encore, mais ce sont des affirmations qui sont assénées et auxquels Hugo semble naturellement acquiescer. Bien sûr, Hugo était en thérapie avec vous, mais où est mon identité à moi ?

P. : Je ne vous reçois pas en thérapie. Selon la psychanalyste Mélanie Klein, la mère devient un objet pour l'enfant, ce n'est pas la mère réelle, mais l'image qu'il en a. Au cours d'un travail comme celui que nous avons mené avec Hugo, la mère devient un objet perçu par le fils. De ce fait, ce n'est pas la vraie mère telle qu'elle est dans la réalité.

Sophie : J'en ai parlé avec Hugo, il me dit : *Tu vois ça au premier degré, il faut que tu regardes les choses d'en haut.* Je lui ai répondu : *Oui, mais vous êtes tous les deux d'accord, vous êtes à l'aise avec votre ego, mais moi, l'objet-maman…*

P. : Hugo et vous n'avez pas la même perception. Quand j'ai travaillé avec lui, j'ai vu la mère avec ses mots à lui. Nous ne cherchons pas la vérité, nous ne la connaissons pas, car chacun a sa vérité.

Sophie: Ce que j'appelle des maladresses, c'est par exemple, quand vous laissez entendre que j'aurais laissé mes fils boire et fumer des pétards sans les mettre en garde.

P. : Ce que je rappelle, sur le plan théorique, c'est que

la mère fixe des règles, mais qu'elle a tendance ensuite à fermer les yeux quand son enfant les transgresse.

Sophie : Non, je ne peux pas vous laisser dire ça. J'ai été une maman très autoritaire sur ce point. Quant à 19 ans, Hugo m'a demandé s'il pouvait organiser une fête à la maison, je savais que lui et ses copains allaient fumer. Jusqu'à 18 ans, je lui interdisais de fumer devant moi. Je n'ai jamais fait comme si je ne le savais pas. Je n'ai pas fermé les yeux, j'étais la mère qui interdisait tout.

P. : Il me semble important de montrer, dans le livre, quelle représentation avait Hugo de votre fermeté : le cadre était strict, avec ses frères il a dû trouver le moyen de passer entre les mailles du filet.

Sophie : Autre chose m'a fait bondir : quand il est écrit que je demandais à Hugo de s'occuper de la maison (tailler les haies, tondre la pelouse) alors qu'il attendait de moi de la compassion. Je ne suis pas en train de me justifier, mais je peux vous dire qu'il a été très entouré même s'il ne l'a pas ressenti à ce moment où il allait mal.

De même, quand il est écrit qu'Hugo n'a pas non plus reçu de moi la compassion qu'il attendait quand il a quitté Léa. Je lui aurais fait comprendre que je savais mieux que lui ce qui était bon pour lui et que Léa n'était pas faite pour lui. Quelle que soit la formulation que vous utilisez, je dis que c'est une maladresse, une interprétation de votre part. J'en ai reparlé avec Hugo, à l'époque de sa relation avec Léa qui a duré deux ou trois ans. Il échangeait beaucoup à son sujet.il m'avait raconté son cheminement et ses difficultés personnelles, c'était une fille que j'appréciais. À Clermont, Hugo m'appelle en pleine nuit, il me dit que c'est fini avec Léa. Il fait des crises d'angoisse et je suis présente. Quand il l'a quittée, j'ai dû lui dire un jour que sa relation avec Léa n'était pas une relation dans laquelle il aurait été bien, je n'ai pas dit autre chose.

P.: Ce qui m'importe c'est ce qu'il me dit à ce moment-là, pas la vérité. Ce qui émergeait était très fort: *J'attendais autre chose de ma mère.* Je maintiens que, dans votre tête, il y avait cette idée non-avouée que Léa n'était pas faite pour lui. La perception d'Hugo n'est pas la même que la vôtre, c'est ce qui est compliqué dans ce travail d'accompagnement.

Sophie: Mais vous ne me rencontrez pas et vous ne savez pas ce que je pense, c'est ce qui est gênant pour moi.

P.: Dans le travail avec Hugo, ce qui m'importe, ce n'est pas ce que vous pensez, c'est ce qu'Hugo pense. L'objet du livre est de montrer comment un jeune en arrive à être victime de ses dépendances et quel chemin il emprunte pour s'en sortir. À l'origine de ces dépendances, il y a le milieu familial. Le cheminement d'Hugo a été parsemé d'angoisses et de ruptures. S'il en est là aujourd'hui, c'est qu'il a eu la chance d'avoir une mère qui a pu être présente, malgré ses fragilités, ce qui lui a permis de ne pas sombrer. Vous avez imposé un cadre, vous lui avez donné de l'amour, vous avez su garder le lien avec vos enfants.

Sophie : Oui, peut-être qu'Hugo ne s'en souvient pas, mais nous avons eu pas mal de discussions ensemble. Quand il a eu ses crises d'angoisse en terminale…

P. : Vous avez eu une bonne réaction, vous avez assuré à ce moment-là.

Sophie : Je l'ai vite envoyé chez le médecin. Quand je suis revenue du travail, il m'a dit qu'il était sous antidépresseurs et je me suis fâchée. Je lui ai dit que s'il avait bu beaucoup d'alcool le week-end, tout s'expliquait, il ne pouvait pas être bien… Je n'étais pas d'accord avec cette prescription d'antidépresseurs. J'ai appelé le médecin qui m'a répondu qu'il ne faisait jamais ça, mais que mon fils avait des envies suicidaires et qu'il ne voulait pas prendre de risques ; les statistiques montrent que les jeunes hommes passent rapidement à l'acte… J'ai donc envoyé Hugo chez le psy. J'ai été présente, je me suis occupée de lui, mais tout ça n'apparaît pas dans le livre.

P. : C'est la raison pour laquelle nous avons cet entretien aujourd'hui. Dans cet ouvrage, Hugo témoigne de tout son parcours. C'est rare qu'un fils se dévoile de cette façon et c'est l'occasion de donner à voir un mode d'accompagnement auprès d'un jeune à la dérive. Que peuvent faire les parents face aux dérives d'un adolescent ? Hugo était pris entre un père idolâtré et absent et une mère qui le cadrait, ce qui a créé une dynamique forte. Hugo a pris le côté aventurier de son père et le côté organisé de sa mère, mais au moment de l'adolescence, ces deux mondes se sont entrechoqués, d'où l'explosion. Il a donc cherché à calmer ses angoisses dans les dépendances. Aujourd'hui, les jeunes parce qu'ils font des études, vivent une longue période d'irresponsabilité. Dans ce livre, nous voulons montrer comment les accompagner. Hugo a eu la chance de travailler très vite et l'accompagnement lui a permis de prendre conscience que l'essentiel n'est pas de réussir ses études, mais de retrouver goût à la vie.

Sophie : Oui, je suis admirative de son parcours professionnel ; il a su faire des rencontres, saisir des opportunités. Son aventure chez Kazio, le poste qu'il occupe aujourd'hui, il ne doit tout cela qu'à lui-même.

P. : Il a un don relationnel.

Sophie : C'est une belle personne.

P. : Ce que vous renvoie ce livre, vous oblige à faire un travail pour vous-même et vous invite à communiquer autour de vous, auprès des mères et à témoigner de ce que vous avez permis à votre fils de devenir. Ce que vous pouvez voir par ce livre, c'est ce qu'a été votre cheminement et comment vous avez géré la situation, pas dans la répression, mais dans la compréhension.
Votre lien profond avec Hugo vient de votre forte aspiration à avoir un troisième enfant.

Sophie : Même s'il n'y avait pas de problèmes venant de moi ou de mon mari, j'ai eu des difficultés pour avoir des enfants et eu besoin de deux ans de traitement pour les deux aînés sauf pour Hugo. Quand j'ai persévéré dans mon désir d'un troisième enfant auprès de mon mari, il m'a demandé au bout d'un an et demi : *Tu ne changeras pas d'avis.* J'ai répondu : *Jamais !* Et le soir même, j'ai été enceinte.

P. : Vous avez du mal à l'entendre, mais vous avez du pouvoir sur l'homme, ce troisième enfant, c'est vous qui le vouliez.

Sophie : Parce que mon mari avait peur. Ce n'est pas juste d'écrire, comme vous le faites, que je voulais un troisième enfant « pour garder mon mari ».

P. : Je maintiens qu'il s'agit d'un mouvement inconscient. Je raisonne en tant qu'homme : le pouvoir de la femme est de faire un troisième enfant à un homme qui je ne le souhaite pas. Elle l'impose à son mari alors qu'il est lui-même en grande difficulté professionnelle. Peut-être votre mari attendait-il plus de soutien de votre part dans ses difficultés professionnelles que d'avoir un troisième enfant.

Sophie : Oui, sauf que, sans vouloir me justifier, mon mari était alors dans l'inconscience financière. À cause de ses beuveries, il ne respectait pas la famille. Il m'était impossible de le soutenir, il menait sa vie d'artiste sans se prendre en charge. Je n'étais pas obligée d'accepter tout ça et je l'ai certainement accepté à cause de mon angoisse d'abandon. Mon mari était à la dérive, dans une spirale négative pendant quatre ans. J'ai alors géré comme j'ai pu avec mes trois enfants. Aujourd'hui, je suis contente de ne plus être à ses côtés même si j'ai encore pour lui une affection énorme. Je suis plus heureuse sans lui, même si j'ai souffert de son départ. À l'époque, sachant qu'il était dans cette spirale, il m'était impossible, le connaissant, de le soutenir professionnellement, il faisait n'importe quoi.

Toute ma vie, j'ai rêvé qu'il se fasse accompagner, j'ai essayé de le convaincre. Je lui ai posé des ultimatums, à quatre reprises : *Si tu ne vas pas voir quelqu'un, ce n'est plus possible…* Je n'en pouvais plus, j'avais perdu sept kilos, je portais trois gamins, j'en avais quarante à l'école, mais j'étais animée par une énergie qui me disait : *Un jour, ça ira mieux.* Quatre fois, il est allé voir un psy, mais ça ne servait à rien. C'est un être blessé que j'ai cru pouvoir sauver et je me suis trompée.

P. : Vous êtes en train de confirmer mon hypothèse : à un moment vous avez privilégié votre désir d'enfant. L'important pour moi, c'est Hugo que j'accompagne. Or quand je regarde son cheminement, j'attache de l'importance au démarrage, autrement dit à sa naissance. D'une manière inconsciente, malgré le profond désordre qui régnait dans la famille, vous choisissez de faire quand même un enfant… au lieu de résoudre le problème du couple. J'ai souvent observé cette attitude de procréer quand le couple va mal pour le re-souder.

Sophie : Je savais que ça ne se re-souderait pas.

P. : Du coup, c'est vous seule qui faites l'enfant, le père ne faisant qu'apporter sa semence. Avec pour conséquence qu'Hugo, né contre vents et marées, devient l'enfant chéri avec lequel vous entretiendrez un lien plus fort qu'avec les autres.

Sophie : Peut-être parce qu'Hugo a énormément de féminin.

P. : Ou parce que vous vouliez une fille.

Sophie : Non, je n'espérais pas une fille. Je suis d'accord qu'Hugo a été conçu à un moment de difficulté relationnelle avec mon mari. Il s'était dit : *On a le temps de voir venir, elle met trois ans avant d'être enceinte.* Or j'ai été enceinte le soir même où il m'a donné son accord.

P. : Dans son voyage d'âme, Hugo vous a imposé sa présence. Plus que ses frères, il a forcé le destin.

Sophie : Même dans une situation aussi difficile, il a réussi à venir au monde.

P. : Vous êtes inconsciente quand vous faites ça ?

Sophie *(avec un grand sourire)* : Vous avez vu le résultat.

P. : Vous êtes une femme puissante et vous avez une hargne en vous, comme si vous vouliez prouver à votre mère : *Je vais tenir.*

Sophie : Je pense que ce qui mène ma vie, c'est vraiment l'amour. L'amour de ma maman m'a manqué, mais aujourd'hui j'ai fait le travail et je suis en paix. Si j'ai encore des manques, je les comble avec les miens.

P. : L'amour n'existe pas en soi. On construit une relation d'amour. Avec Hugo, vous continuez à la construire. Je pense que pour ne plus vivre ce que vous avez vécu avec votre mère, vous avez voulu imposer une relation d'amour contre vents et marées, là est votre grande souffrance.

Sophie : Oui, je comble mon manque.

P. : La relation amoureuse, c'est votre grande interrogation. Pourquoi avoir gardé un lien aussi fort avec le père de vos enfants ? Il est votre âme sœur, vous l'avez toujours dans la peau alors qu'il vous a maltraitée ou que vous ne vous êtes pas sentie reconnue. Vous avez résolu le problème en l'ayant, lui, à travers vos enfants.

Sophie : Il ne m'a pas maltraitée physiquement, je pense qu'il a énormément de respect pour moi et encore de l'affection, et en même temps il ressent de la culpabilité.

P. : Il est encore important pour vous, vous n'avez pas tourné la page.

Sophie : Je n'y arrive pas.

P. : Peut-être que vous n'avez pas envie que ça finisse.

Sophie : C'est vrai, c'est flou. Pourquoi je garde le lien avec lui alors que je ne le vois plus, que nous nous envoyions plus de textos ? Quand mon premier petit-enfant est né, il a été la première personne que j'ai appelée.

P. : Je vous suggère de réfléchir sur la nature de votre peur si vous rompez le lien.

Sophie : Peur de l'abandon.

P. : Vous pouvez relier ça à votre relation avec vos enfants. Ils n'ont pas à apaiser votre peur de l'abandon, mais comment peuvent-ils prendre soin de vous quand vous êtes dans l'angoisse d'abandon ? L'amour, c'est prendre soin de l'autre sans combler son vide.

Sophie : J'ai bien conscience d'aimer mes enfants de manière inconditionnelle. Je pensais que j'aimais aussi mon mari inconditionnellement, mais en fait non, j'ai accepté plein de choses de lui que je n'aurais pas dû accepter. Je ne supportais pas ses défauts, alors que j'accepte ceux de mes enfants.

P. : L'amour inconditionnel, c'est quand vous parlez avec Hugo et que vous acceptez son chemin sans rien attendre en retour, quand vous acceptez que vos enfants fassent leur vie, qu'ils ne vous téléphonent plus. Beaucoup de gens croient être dans l'amour inconditionnel et se mettent en colère quand il n'y a pas de retour. C'est là où vous pourriez repérer ce qui, en vous, appartient à la mère possessive (Hugo parle de « la meute ») et ce qui relève de l'amour inconditionnel. C'est le chemin que vous avez à faire ensemble. Une belle étape à franchir pour vous deux : quel est le mode de relation mère-fils qui permet de quitter le mode de relation mère-enfant ?

Sophie : Les choses ont commencé à changer, même avant ce livre. Il y a un an et demi, j'ai senti qu'Hugo prenait de la distance. Je me suis dit que c'était bien. Parce que je me suis rendue compte que j'en avais moins besoin, que nous nous appelions moins qu'avant. Moi aussi, j'ai changé. Quand il est parti à Clermont et à Angers, je lui disais : *C'est bien, je suis fière de toi.* Et dès la porte refermée, je pleurais comme un bébé. Ses départs ont été bénéfiques pour lui, mais pour moi aussi.

P. : C'est à cet endroit que vous pouvez témoigner de ce qu'une triangulation avec quelqu'un d'extérieur à la famille, a été nécessaire pour qu'Hugo puisse prendre de la distance.

Sophie : Depuis un certain temps, je sentais qu'un jour ou l'autre, Hugo allait partir. Le psychiatre qui me suivait à l'époque m'avait dit : *Vous avez eu une maman malade, vous avez été élevée par votre grand-mère pendant un an. Cette blessure d'abandon, vous l'avez revécue quand votre mari est parti, et vous la revivez encore quand vos enfants s'en vont. Pour vous, c'est plus douloureux que pour d'autres.*

P. : Votre chemin aujourd'hui n'est pas de devenir grand-mère, mais de devenir femme.

Sophie : C'est un grand bonheur d'être grand-mère, j'adore mes petits-enfants, mais ma priorité c'est moi.

P. : Ce livre vous renvoie à votre vie à vous, à votre identité qui a toujours été de donner. Vous avez une identité qui s'est construite en tant qu'épouse-mère, et aujourd'hui qui êtes-vous ?

Sophie : Il y a du travail à faire.

P. : C'est un cheminement. Est-ce que vous êtes encore dans la colère ?

Sophie : Je suis beaucoup moins en colère contre vous, même si je continue à dire que vous écrivez des choses qui ne me semblent pas justes. Je ne suis pas en colère contre Hugo, j'accepte ses ressentis. Je n'ai pas le souci d'être une mère parfaite. Quand j'ai des bas, ce sont des fragilités que je connais.

P. : Je suis admiratif du fait que vous ayez accepté de lire le manuscrit et d'en discuter avec Hugo Nous étions un peu inquiets : comment la mère allait-elle recevoir une histoire qui n'était pas la sienne ? Il l'a transformée, forcément, il faut repenser à tout son cheminement et vous l'avez fait. Et Hugo les traduit à sa façon, pas exactement comme vous les avez vécues Ce parcours a été chaotique, avec des hauts et des bas. La difficulté est d'accepter les bas.

Cet entretien a été très émouvant pour Hugo et moi-même. Nous sommes émerveillés par la richesse et la profondeur de sa Maman. Leur lien mère-fils s'est renforcé, un lien d'Amour.

Nos Remerciements

Pierre et Hugo

À Arouna LIPSCHITZ pour ton enseignement qui nous a inspirés tout au long du parcours et de ton accompagnement auprès de Pierre qui nous a permis d'évoluer chaque jour en prenant la responsabilité de notre vie.

À Laure DUFRESNE qui nous a accompagnés dans la rédaction de ce livre avec patience et rigueur.

À Arnaud MOTTE qui avec patience a relu le manuscrit et qui l'a enrichi.

À Clem, Catherine, Dominique et Pascal pour votre écoute et votre fraternité.

Hugo

À Jade, je te remercie amoureusement d'avoir accepté de témoigner à cœur ouvert dans ce livre, et d'apprendre chaque jour à devenir deux meilleurs amoureux.

Un immense MERCI Maman, pour m'avoir tant désiré ! Pour ton Amour à toutes épreuves, ta présence et ton soutien, qui m'ont permis de faire ce chemin.

Merci Papa, pour ces frissons à chaque fois que j'écoute ta musique et pour m'avoir permis de m'affirmer en tant qu'homme rapidement.

À mes frères pour m'avoir fait découvrir les sports de glisse en me mettant sur un skateboard à l'âge de 5 ans, pour m'avoir protégé, préservé et encouragé.

À toi Pierre qui m'a tendu la main il y a 10 ans, et qui m'a accompagné avec intelligence, philosophie et patience. Merci pour ta générosité.

À Léa, pour cette première relation amoureuse de guérison qui nous a beaucoup fait grandir.

À Matilde, Audrey, Juliette, Agnès et Jean pour votre présence à des moments importants de ma vie.

À mes amis et particulièrement Baptiste et Valentin pour votre amitié et votre confiance.

Merci aux femmes que j'ai rencontrées de m'avoir fait avancer vers ma liberté d'être.

Bibliographie

LIPSCHITZ Arouna, *Dis-moi si je m'approche : L'initiation d'une femme moderne en quête d'amour et de spiritualité,* Le Souffle d'or/J'ai lu.

LIPSCHITZ Arouna, *l'un n'empêche pas l'autre. Réconcilier l'âme et le corps le Souffle d'or/*J'ai lu.

LIPSCHITZ Arouna, *La Voie de l'amoureux*: Savoir aimer plutôt que rêver d'amour, Robert Laffont/Pocket.

LIPSCHITZ Arouna, *52 clés pour vivre l'amour,* Dervy, Paris, 2007.

LIPSCHITZ Arouna, *52 Cartes pour vivre l'Amour,* Dervy 2015

BAILLON Pierre, *Révéler l'autre à lui-même.* L'Harmattan, Paris, 2009.

BAILLON Pierre *Vivre avec une femme,* L'Harmattan 2013

BAILLON Pierre, LEMAIRE Christine, *Coach Clown. La magie ludique du clown,* Albatros, 2011.

AIVANHOV Michaël Omraam, *Nature humaine et Nature divine,* Prosveta 1984

ANDRÉ Christophe, JOLLIEN Alexandre, RICARD Matthieu, *À nous la Liberté,* L'Iconoclaste 2019

BACHELARD Gaston, *Le nouvel esprit scientifique,* PUF, 2003.

COMTE-SPONVILLE André, *le sexe ni la mort* : *Trois essais sur l'amour et la sexualité,* Albin Michel, 2012.

CYRULNIK Boris, JANSSEN Thierry, ANDRÉ Christophe, votre cerveau n'a pas fini de vous étonner, Albin Michel, 2012.

CYRULNIK Boris, la nuit j'écrirais des soleils, Odile Jacob 2018

CYRULNIK Boris, Psychothérapie de Dieu, Odile Jacob 2017

FERRY Luc, *Sagesses d'hier et d'aujourd'hui*, Flammarion 2019.

MIDAL Fabrice, *Narcisse n'est pas égoïste*, Flammarion 2019

GIRARD René, *le bouc émissaire,* Grasset, Paris, 1982.

GROSJEAN Daniel, Jean-Paul Sauzède, *Trouver la force d'oser,* InterEditions, 2006.

HARARI Yuval Noah, *Sapiens,* Albin Michel, 2015

LENOIR Frédéric, *Socrate, Jésus, Bouddha. Trois maîtres de vie,* Le Livre de poche, 2011.

LENOIR Frédéric, *Le Miracle SPINOZA,* Fayard, 2017

MORIN Edgar, *La méthode (6 tomes).* Seuil 1995

MORIN Edgar, *Mes philosophes,* Germina, 2011.

MALLASZ Gitta, RAOUL-DUVAL Dominique, *Dialogues avec l'ange,* Aubier.

PIKETTY Thomas *Capital et Idéologie,* Seuil, 2019

OUGHOURLIAN Jean-Michel, *Genèse du désir*, Carnets nord, 2007.

SACKS Jonathan *Dieu n'a jamais voulu ça* Albin Michel 2015

SCHMITT Eris-Emmanuel *l'Enfant de Noé*, Albin Michel 2006

SIRONI Françoise *Comment devient-on tortionnaire* La Découverte 2017

ZENITER Alice *l'Art de perdre*, Flammarion 2017

Contacts

Pierre Baillon
Hugo Marquilly

pbaillon43@gmail.com

hugo.marquilly@hotmail.fr

www.coach-clown.fr

Structures éditoriales du groupe L'Harmattan

L'Harmattan Italie
Via degli Artisti, 15
10124 Torino
harmattan.italia@gmail.com

L'Harmattan Hongrie
Kossuth l. u. 14-16.
1053 Budapest
harmattan@harmattan.hu

L'Harmattan Sénégal
10 VDN en face Mermoz
BP 45034 Dakar-Fann
senharmattan@gmail.com

L'Harmattan Cameroun
TSINGA/FECAFOOT
BP 11486 Yaoundé
inkoukam@gmail.com

L'Harmattan Burkina Faso
Achille Somé – tengnule@hotmail.fr

L'Harmattan Guinée
Almamya, rue KA 028 OKB Agency
BP 3470 Conakry
harmattanguinee@yahoo.fr

L'Harmattan RDC
185, avenue Nyangwe
Commune de Lingwala – Kinshasa
matangilamusadila@yahoo.fr

L'Harmattan Congo
67, boulevard Denis-Sassou-N'Guesso
BP 2874 Brazzaville
harmattan.congo@yahoo.fr

L'Harmattan Mali
Sirakoro-Meguetana V31
Bamako
syllaka@yahoo.fr

L'Harmattan Togo
Djidjole – Lomé
Maison Amela
face EPP BATOME
ddamela@aol.com

L'Harmattan Côte d'Ivoire
Résidence Karl – Cité des Arts
Abidjan-Cocody
03 BP 1588 Abidjan
espace_harmattan.ci@hotmail.fr

L'Harmattan Algérie
22, rue Moulay-Mohamed
31000 Oran
info2@harmattan-algerie.com

L'Harmattan Maroc
5, rue Ferrane-Kouicha, Talaâ-Elkbira
Chrableyine, Fès-Médine
30000 Fès
harmattan.maroc@gmail.com

Nos librairies en France

Librairie internationale
16, rue des Écoles – 75005 Paris
librairie.internationale@harmattan.fr
01 40 46 79 11
www.librairieharmattan.com

Librairie l'Espace Harmattan
21 bis, rue des Écoles – 75005 Paris
librairie.espace@harmattan.fr
01 43 29 49 42

Lib. sciences humaines & histoire
21, rue des Écoles – 75005 Paris
librairie.sh@harmattan.fr
01 46 34 13 71
www.librairieharmattansh.com

Lib. Méditerranée & Moyen-Orient
7, rue des Carmes – 75005 Paris
librairie.mediterranee@harmattan.fr
01 43 29 71 15

Librairie Le Lucernaire
53, rue Notre-Dame-des-Champs – 75006 Paris
librairie@lucernaire.fr
01 42 22 67 13

Achevé d'imprimer par Corlet - 14110 Condé-en-Normandie
N° d'Imprimeur : 1129578 - Novembre 2021 - Imprimé en France